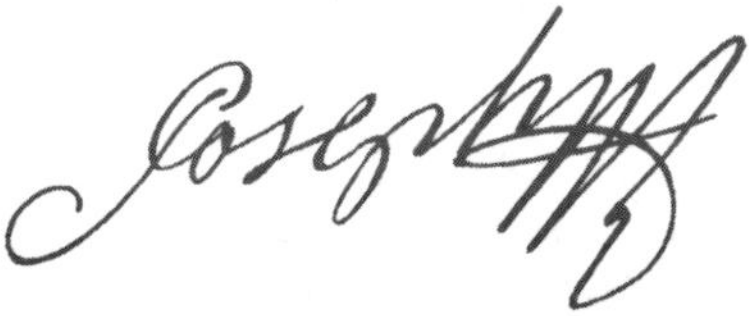

革命家皇帝ヨーゼフ二世

ハプスブルク帝国の啓蒙君主

1741–1790

倉田　稔＝監修

E・マホフスキー著
松本 利香 訳

藤原書店

Original title: DIE FURCHE VON SLAWIKOWITZ UND
ANDERE ANEKDOTEN UM KAISER JOSEPH II
Japanese edition published by arrangement
through The Sakai Agency

ヨーゼフ二世（1741-1790）
（ホーフブルク王宮蔵）

マリア・テレジアとその家族

前列右から三番目、赤い服の少年がヨーゼフ（マルティン・ファン・メイテンス筆、シェーンブルン宮殿蔵）

ヨーゼフ二世（右）と弟のトスカナ大公レオポルト（左）
レオポルトは後に神聖ローマ帝国レオポルト二世となる（ポンペンス・バドーニ筆、ウィーン美術史美術館蔵）

ヨーゼフ二世の妃　マリア・イサベラ・フォン・パルマ（1741-1763）

スペイン王フェリペ五世の王子フェリペ（パルマ公フィリッポ）と、フランス王ルイ十五世の王女ルイーズ・エリザベートの長女（ジャン・マルク・ナチエ筆、ウィーン美術史美術館蔵）（本書 34 頁）

皇后　マリア・ヨーゼファ・フォン・バイエルン（1739-1767）

ヨーゼフ二世の２度目の妃。皇帝カール七世（バイエルン選帝侯カール・アルブレヒト）と皇后マリア・アマリエの末子（ウィーン美術史美術館蔵）（本書 42 頁）

家族

姉 マリアンネ（1738-1789）

次女。終生独身のままウィーンで過ごし、母帝の没後はエリーザベト修道院への奉仕に身を捧げた

母 マリア・テレジア（1717-1780）

仮面を持ち、トルコ風の衣装を着ている（ジャン・エティエンヌ・リオタール筆）

妹 マリア・アマリエ（1746-1804）

六女。パルマ公フェルディナンドの妃

妹 マリー・クリスティーネ（1742-1798）

四女。ポーランド王兼ザクセン選帝侯アウグスト三世の息子アルベルト・カジミールの妃で、夫婦でテシェン公国の公および女公となった

ヨーゼフ二世の

妹 マリア・カロリーネ (1752-1814)

十女。ナポリ・シチリア王フェルディナンドの王妃

妹 マリア・ヨーゼファ (1751-1767)

九女。ナポリ・シチリア王フェルディナンドと結婚する予定だったが、天然痘のため急死した（マルティン・ファン・メイテンス筆、ベルリン・オーストリア大使館蔵）

妹 マリア・アントニア (マリー・アントワネット、1755-1793)

十一女。フランス国王ルイ十六世の王妃。フランス革命中の 1793 年に刑死した

弟 フェルディナント (1754-1806)

（ジュネーブ・芸術と歴史の美術館蔵）

ハプスブルク皇帝家とその社交界の人々の音楽の夕べ
（マルティン・ファン・メイテンス筆、ウィーン美術史美術館蔵）

マリア・テレジアに抱かれ議会に出るヨーゼフ二世
（本書 27 頁）

24 歳のヨーゼフ
（本書 54 頁）

スラヴィコヴィッツで鋤を引くヨーゼフ
（本書 65 頁）

ヨーゼフの引いた鋤
（本書 66 頁）

ギリシャ人ナトルプが寛容令への感謝の言葉を刻んだ窓
（本書 108 頁）

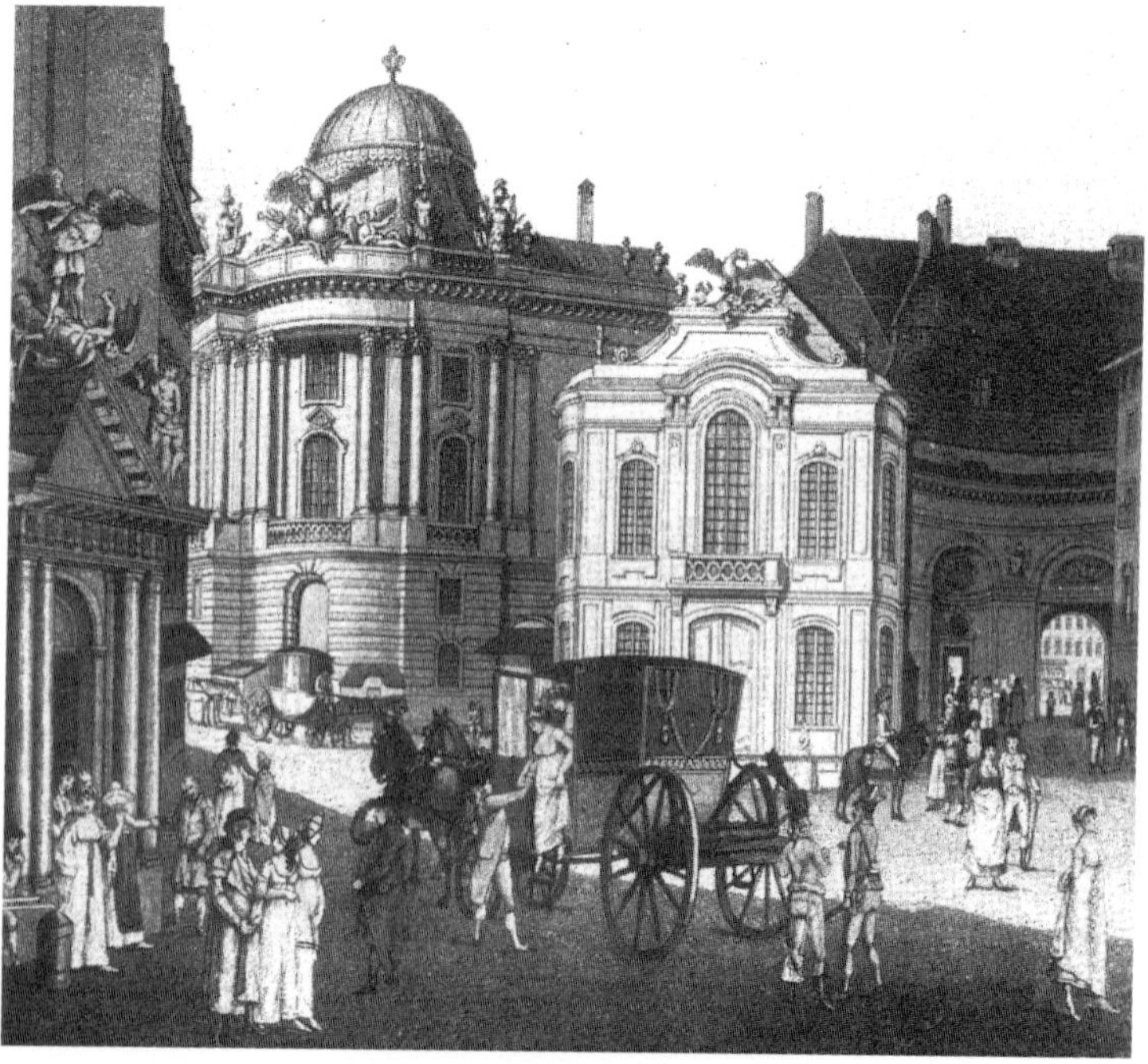

ヨーゼフによって国立となったブルク劇場
（本書 78 頁）

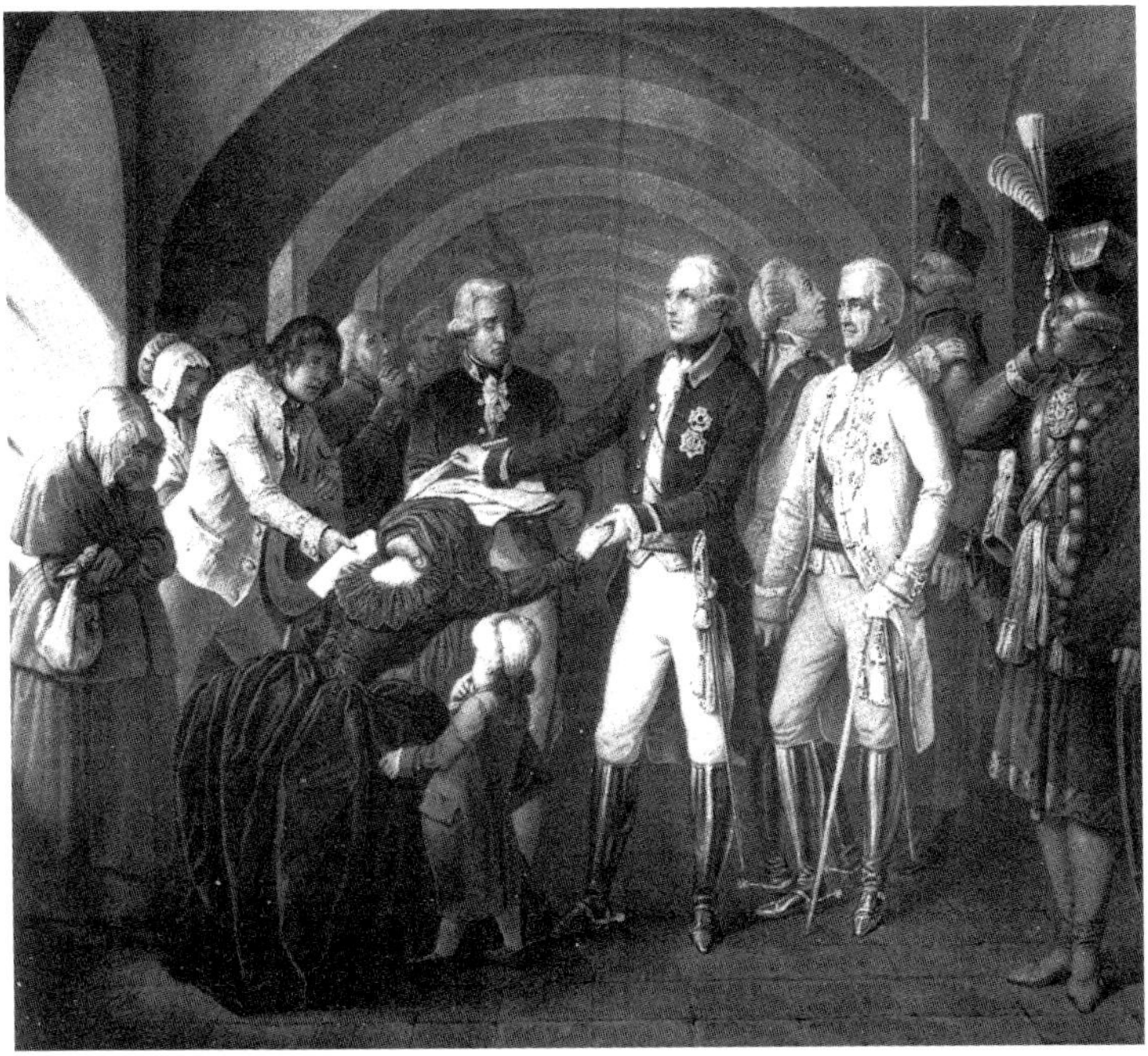

「人民のための衛兵回廊」で。ヨーゼフ二世と元帥たち

（本書 71 頁）

ヨーゼフがシュピッテルベルクの居酒屋で放り出されたことが刻まれた石
（本書 88 頁）

ヨーゼフ皇帝の「グーグルフップ」（精神
病院）
（本書 154 頁）

ヨーゼフ二世、ここでは第一世
（本書 155 頁）

Wir Joseph der Andere, von GOttes Gnaden erwählter Römischer Kaiser, zu allen Zeiten Mehrer des Reichs, König in Germanien, zu Jerusalem, Ungarn, Böheim, Dalmatien, Croatien, Slavonien, Galizien und Lodomerien ꝛc. Erzherzog zu Oesterreich; Herzog zu Burgund, zu Lotharingen, zu Steyer, zu Kärnten, und zu Krain; Großherzog zu Toscana, Großfürst zu Siebenbürgen; Markgraf zu Mähren; Herzog zu Braband, zu Limburg, zu Luxemburg, und zu Geldern, zu Würtemberg, zu Ober- und Nieder-Schlesien, zu Mayland, Mantua, zu Parma, Placenz, Guastalla, Auschwitz, und Zator; zu Calabrien, zu Barr, zu Monferrat und zu Teschen, Fürst zu Schwaben und zu Charleville, gefürsteter Graf zu Habsburg, zu Flandern, zu Tyrol, zu Hennegau, zu Kyburg, zu Görz, und zu Gradisca; Markgraf des heiligen Römischen Reichs, zu Burgau, zu Ober- und Nieder-Lausnitz, zu Pont à Mousson und zu Nomeny, Graf zu Namur, zu Provinz, zu Vaudemont, zu Blankenberg, zu Zutphen, zu Saarwerden, zu Salm und zu Falkenstein, Herr auf der Windischen Mark, und zu Mecheln ꝛc. ꝛc.;

1781年1月27日の勅令

〔出だしに、ヨーゼフ〕二世と書かずに、第三者とある。下から2行目に、父フランツ一世から譲られたファルケンシュタインの地名が記されている（本書92頁）

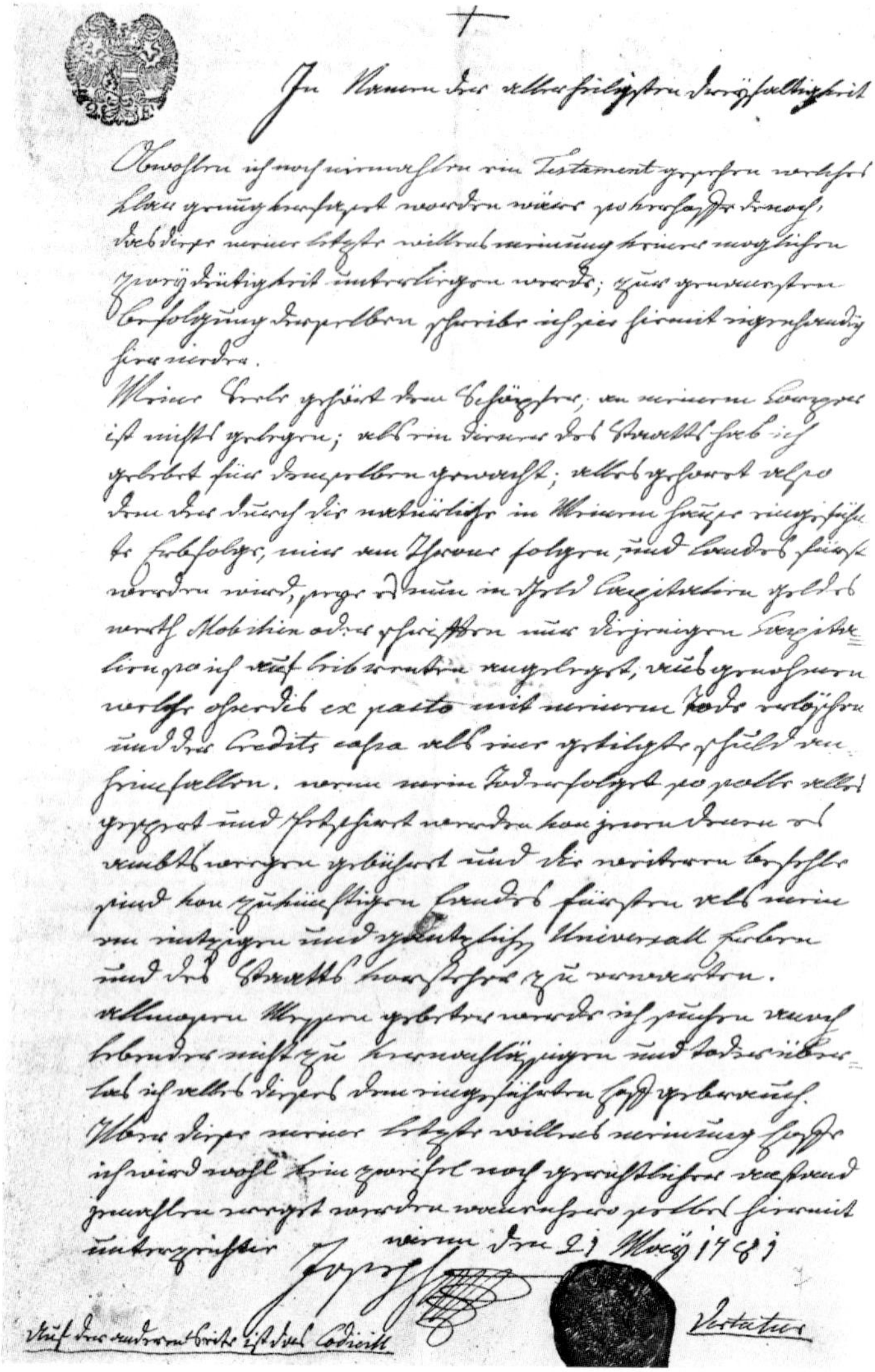

ヨーゼフの遺書、1781 年

監修者のことば

倉田　稔

本書は、ハプスブルク家の神聖ローマ帝国皇帝ヨーゼフ二世（一七四一—一七九〇）の逸話集に、監修者による解説を付した、日本で初めてのヨーゼフ二世の伝記である。

ここでいう神聖ローマ帝国は、古代ローマ帝国の後、中世から近世・近代のヨーロッパを統治した、広大無辺の帝国である。十三世紀、ルドルフ一世が初めてハプスブルク家から皇帝に選ばれた。ハプスブルク家が支配する帝国は、ヨーロッパに君臨した大帝国であり、スペインが世界領土を持っていたので、日の没するところがなかった。

ハプスブルク帝国史上、ヨーゼフ二世は最も重要な皇帝である。とりわけ彼が政治思想上で果たした役割は大きい。人民に愛され、革命家皇帝、貧民皇帝、農民の神、哲学皇帝、啓蒙君主など多くの呼び名をもち、本書の原題にもなった「スラヴィコヴィッツの畝」（本書六四頁）ほか多くの逸話が残されている。本書に収められた、誕生から最期までの九八の逸話は、一つ一つは短いが、面白く、個性的なヨーゼフの性格をよく表している。これらの逸話は啓蒙専制君主として一つの時代と国家理念を定めた皇帝の人間像を結び、そのままその生涯を解明する伝記となっている。

ヨーゼフは、ハプスブルク家待望の男子王位継承者として、一七四一年、オーストリア大公女マリア・テレジア（一七一七―一七八〇）とトスカナ大公フランツ・シュテファン（一七〇八―一七六五）の間に生まれた。二十代の若さで枢密院に参加し、二十三歳で神聖ローマ帝国皇帝に即位、マリア・テレジアとの共同統治を経て、単独統治者となってからは進歩的政策を次々と打ち出した。時代は、フランス革命前夜であった。ヨーゼフはヴォルテール、ルソー、モンテスキューら啓蒙思想家の著作を熱心に読み、それまで世界で誰も行なったことがなかった、人民のための政治を目標とした。啓蒙専制君主として民主化と近代化を推進し、十八世紀のオーストリア・ハプスブルク帝国で最も進歩的な思想家であり、革命家と言ってよいほどであった。

ヨーゼフによる改革の代表的な例として、農奴解放がある。農奴は農民となり、貴族や教会・修道院は経済的に打撃を受けた。また、寛容令、つまり信仰の自由の法令により、カトリックとプロテスタントの闘争に終止符を打った。隣国のフランスでは農奴解放をフランス革命でなしとげた。しかしヨーゼフ二世は、それに匹敵する変革を一人で、上からの改革として行なったのである。

ヨーゼフは、それ以外に、拷問の廃止、行政と司法の分離を行ない、出版の自由を認め、検閲を廃止した。また、モーツァルト（一七五六―一七九一）を宮廷作曲家に任命したことはよく知られている。

ヨーゼフの政治思想は、彼の死と、フランス革命が帝国に波及することへの警戒から、一時途絶えた。だが、一八四八年の革命（三月革命と呼ばれる、民主主義を要求した大運動）後に復活し、国の方針になってゆくのであった。その治世から六〇年を経て、ハプスブルク帝国では彼の提示した改革理念「ヨーゼフ主義」に基づいた国づくりが行なわれた。そしてそれが近代ヨーロッパの基底を形成し、後の進歩派の思想となった。

＊　＊　＊

本書を読む上で必要と思われる最低限の用語知識、貴族と教会の位について触れておく。

ハプスブルク家の継承権を持つ人は、大公と呼ばれる。ハプスブルク家の女性、皇帝の娘や姉妹は大公女と呼ばれる。選帝侯は、神聖ローマ帝国皇帝の選挙権を有し、ヨーロッパ全体で七名からなる。

貴族には、公爵、侯爵、伯爵、男爵がある。本書では、名前の後に、公とあれば公爵、伯とあれば伯爵を指す。これら貴族は戦争ともなるとみずから指揮をとった。

教会では、カトリックでは、ローマ法王（＝教皇）が最高位で、その下に一二人の枢機卿がいる。次代のローマ法王は、枢機卿の中から選ばれる。枢機卿の下に、大司教や司教がいる。その下に司祭、いわば住職がいる。

＊　＊　＊

本文の日付は、その出来事があった年月日である。本書を日本で翻訳出版するにあたって、巻末の解説の他、各話の理解を深めるために、監修者による補記をつけた。補記は、各話の最初か最後にゴシック体で入っている。訳注は本文に直接かかわる短いものは〔　〕で文中に挿入し、長いものは＊で下段に入れた。

序文

ヨーゼフ二世のひととなりが本書に記された文章から明らかにならない時は、一七八一年六月に公布された検閲法第三条を引用しよう。
「批判というものは、それが誹謗文書でないかぎり、領主から下々の民に至るまで禁じられるべきではない。特に、批判を申し立てたものの名がそこに記されている場合、その申立てが真実偽りないことを保証するものである。このあらたな改革は、真実を信念とする者にとってひとつの喜びとなるであろう」。
この本の読者は、批判する権利が保証されたわが第二共和国*に生を受けた事を喜ぶべきであるし、ヨーゼフ二世もそう感じていることであろう。

エクハルト・マホフスキー
（上記の法にならい、私もここに署名する）

*オーストリアは、一九一八年から一九三八年が第一共和国の時代であり、第二次世界大戦中の一九三八年にヒトラーによって占領され、一九四五年の敗北後は、連合軍による分割占領をへて一九五五年に独立し、共和国となった。第二共和国とは、現在のオーストリアである。

革命家皇帝ヨーゼフ二世／目　次

ベルサイユの近衛長　一七七七年四月十九日頃　83
弟王との謁見　一七七七年四月二十日頃　84
聾唖者たちの声　一七七七年五月七日　85
シュピッテルベルクで放り出され　一七七八年　87
プリマドンナの常備薬は　一七八〇年十月二十日　89

III　単独統治時代　一七八〇—一七八八年

勅令への署名　一七八〇年十二月十七日　92
女性天下の終焉　一七八〇年十二月　93
宮殿、貸します　一七八〇年十二月　95
貴族と税金　一七八一年一月十八日　96
王室拠出金の廃止　一七八一年一月　97
頭にあいた穴　一七八一年一月　100
動物の紋章　一七八一年六月四日　101
園丁の娘との逢引　一七八一年　102
愛人か女性君主か　103
オステンデでのスパイ活動　一七八一年六月十二日　104
ブリュージュの覗き穴　一七八一年九月九日　105
ギリシャ人の家訓　一七八一年十月十三日　107
ファルケンシュタイン伯のコーヒー税　一七八一年十一月十一日　111

クリスマス前の演奏対決　一七八一年十二月二十四日　112
制服の魔力　一七八二年一月十四日　115
ニシンは贅沢品　一七八二年三月四日　118
市参事会への決定　一七八二年三月十九日　120
枢機卿の砲兵隊　一七八二年三月二十日　121
レクイエムの復讐　一七八二年三月二十二日～四月二十二日　122
音符への誘拐　一七八二年七月十六日　124
総督夫人からの嘆願書　一七八二年七月　125
妻の苦悩　一七八三年一月十六日　127
コルセット戦争　一七八三年八月十四日　128
スペイン近衛兵へのマナー　一七八三年九月二十六日　130
スカートの裏側　一七八三年十月初旬　131
貧民のための基金　一七八三年十一月三十日　133
官吏への教書　一七八三年十二月一日　134
皇帝のグーグルフップ　一七八四年四月十九日　138
帝国のエスペラント語　一七八四年五月十八日　139
ブダの記念塔　一七八四年六月　142
コモルンのピラミッド　年月日不明　143
アルサーグルンドのベルサイユ宮殿　一七八四年八月十六日　146
偶然が決定する順位　一七八五年二月六日　149

マルチネスチェの帽子　一七八九年九月二十二日以降　178
莫大な戦費　一七九〇年一月二日　179
カーニヴァルの再開　一七九〇年一月二十六日　180
真実を告げた貴族　一七九〇年二月五日　182
最後の聖餐　一七九〇年二月十三日　183
それぞれの弔辞　一七九〇年二月十四日　184
侯爵夫人たちとの別れ　一七九〇年二月十七日　184
王冠なき王　一七九〇年二月十八日　186
政務への憂慮　一七九〇年二月二十日　189

解説　人民に愛された皇帝ヨーゼフ二世（倉田　稔）　191
年　表（一七二四―一七九〇）　208
監修者のあとがき　220
参考文献　221
主要地名索引　225
主要人名索引　227

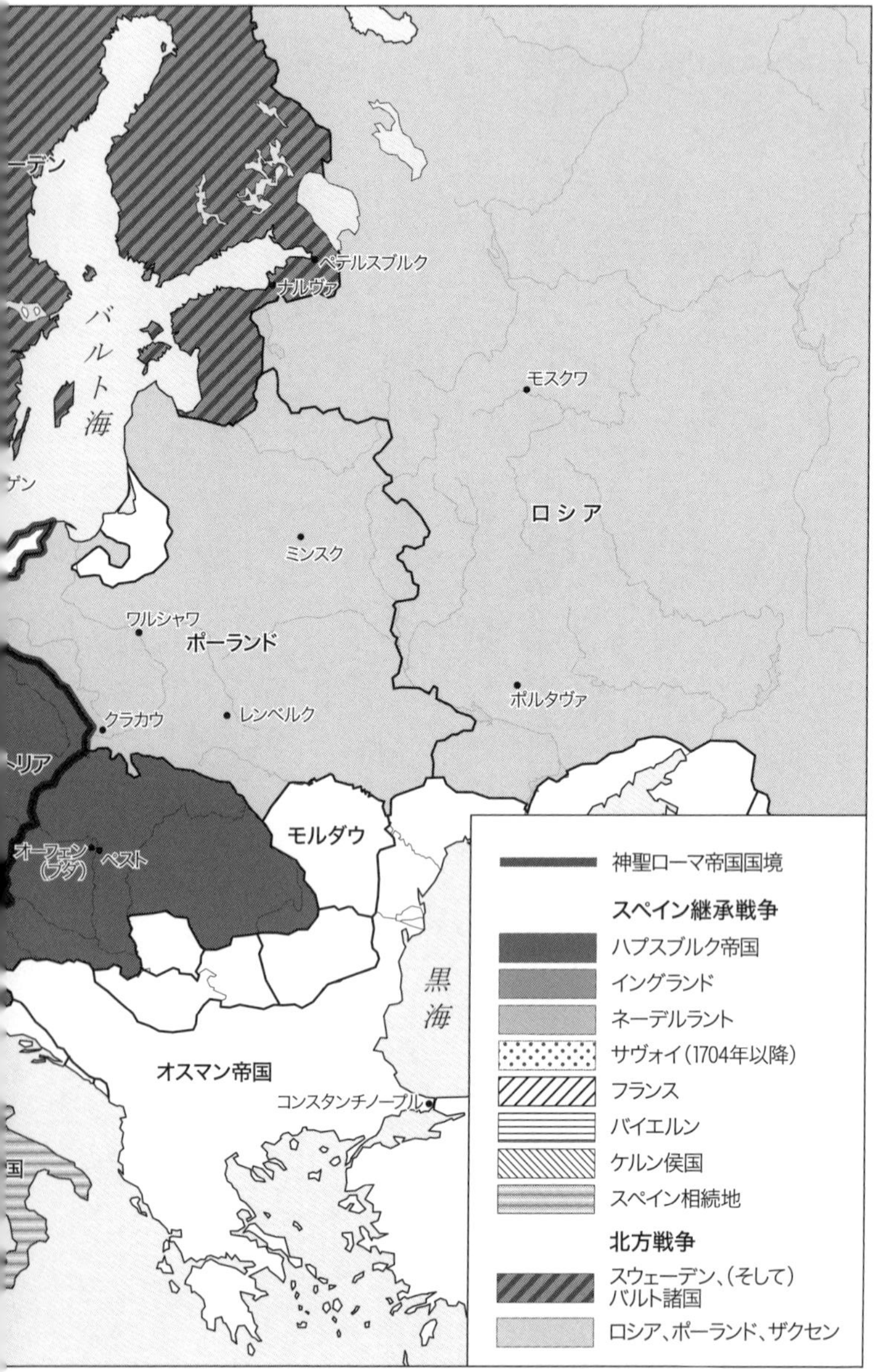
ーデン
バルト海
ゲン
ペテルスブルク
ナルヴァ
モスクワ
ロシア
ミンスク
ワルシャワ
ポーランド
ポルタヴァ
クラカウ
レンベルク
リア
モルダウ
オーフェン（ブダ）
ペスト
黒海
オスマン帝国
コンスタンチノープル
国
神聖ローマ帝国国境
スペイン継承戦争
ハプスブルク帝国
イングランド
ネーデルラント
サヴォイ（1704年以降）
フランス
バイエルン
ケルン侯国
スペイン相続地
北方戦争
スウェーデン、（そして）バルト諸国
ロシア、ポーランド、ザクセン

1700年頃のヨーロッパ

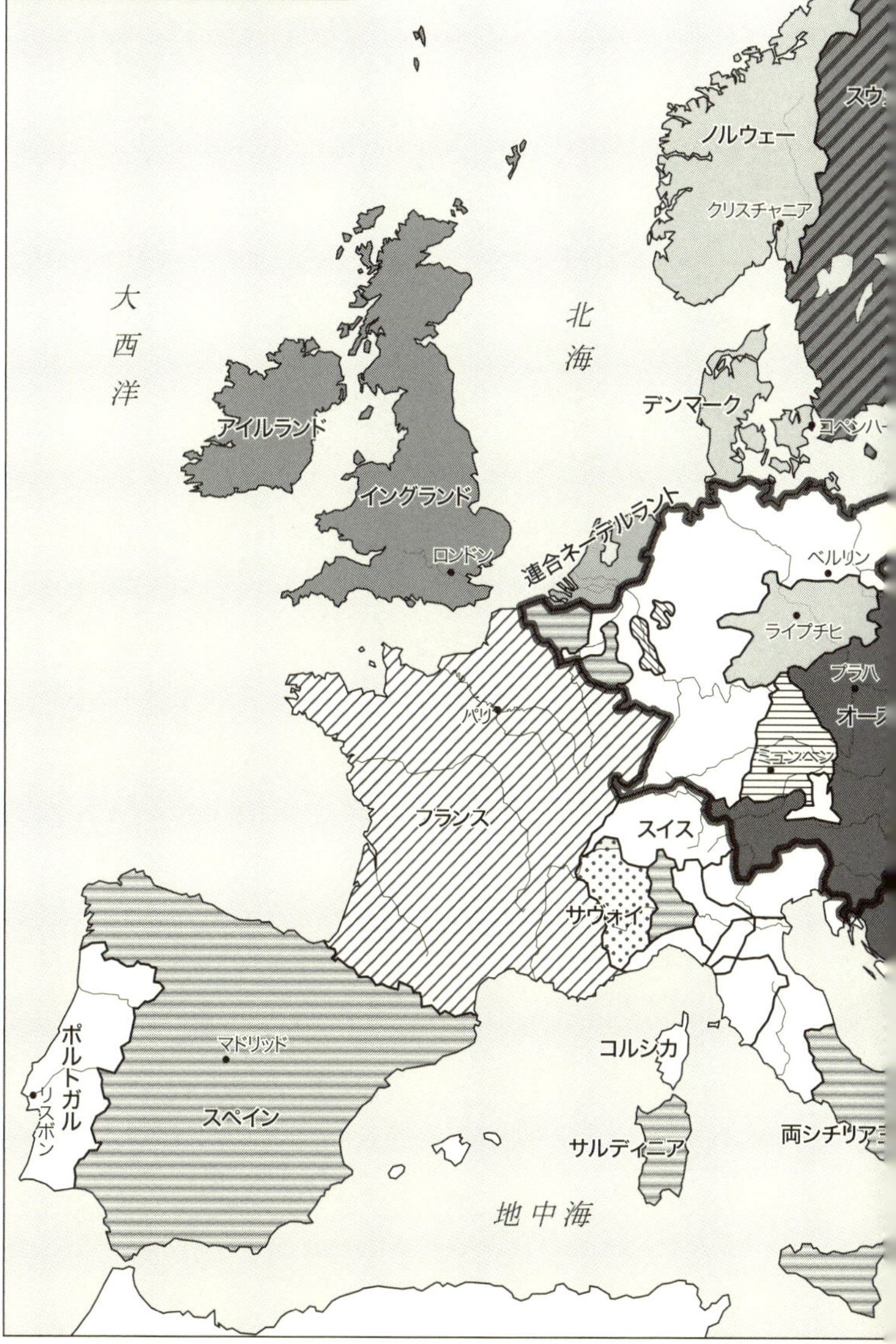

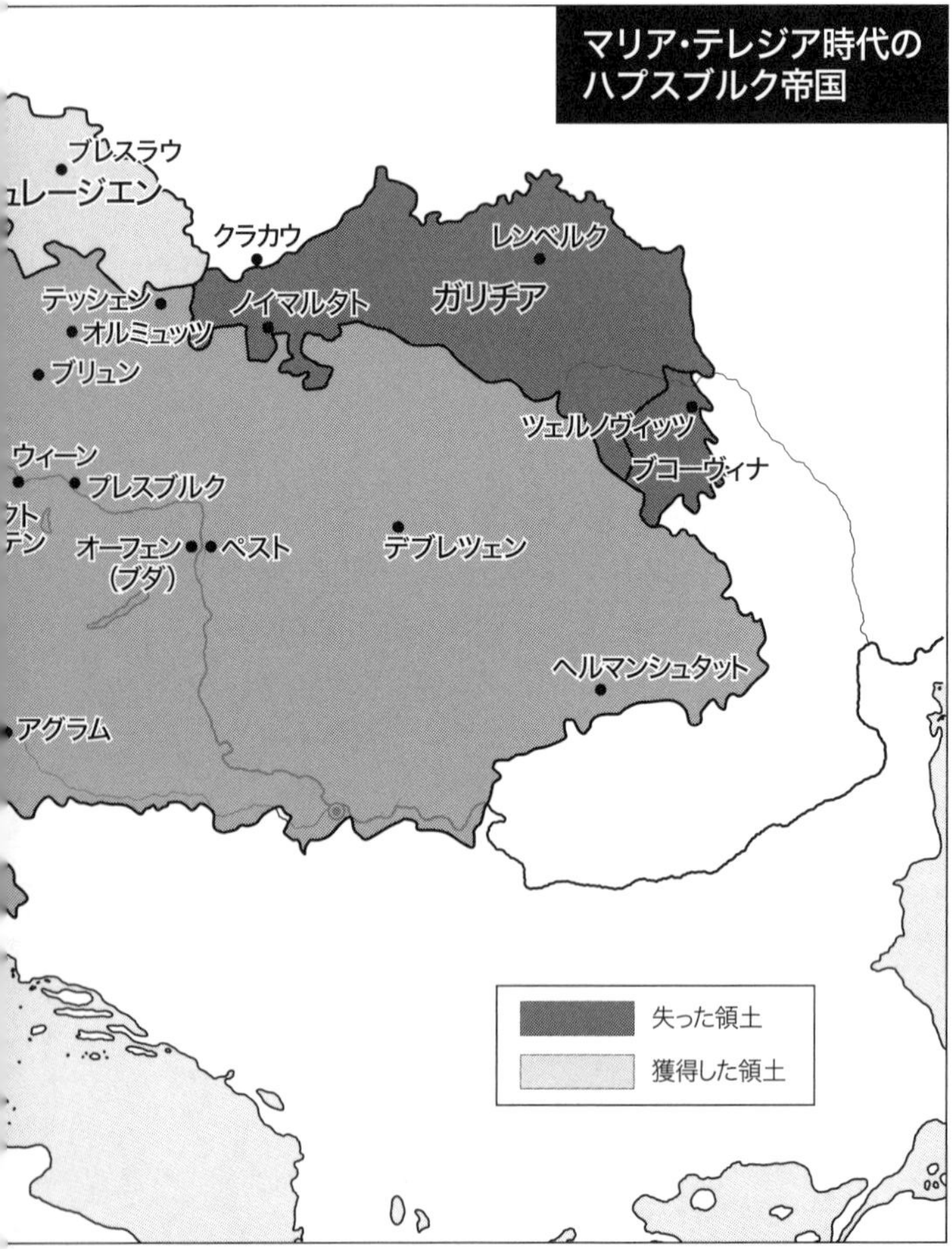
マリア・テレジア時代の
ハプスブルク帝国
ブレスラウ
ュレージエン
クラカウ
レンベルク
テッシェン
ノイマルタト
ガリチア
オルミュッツ
ブリュン
ツェルノヴィッツ
ウィーン
プレスブルク
ブコーヴィナ
デブレツェン
オーフェン
(ブダ)
ペスト
ヘルマンシュタット
アグラム
失った領土
獲得した領土

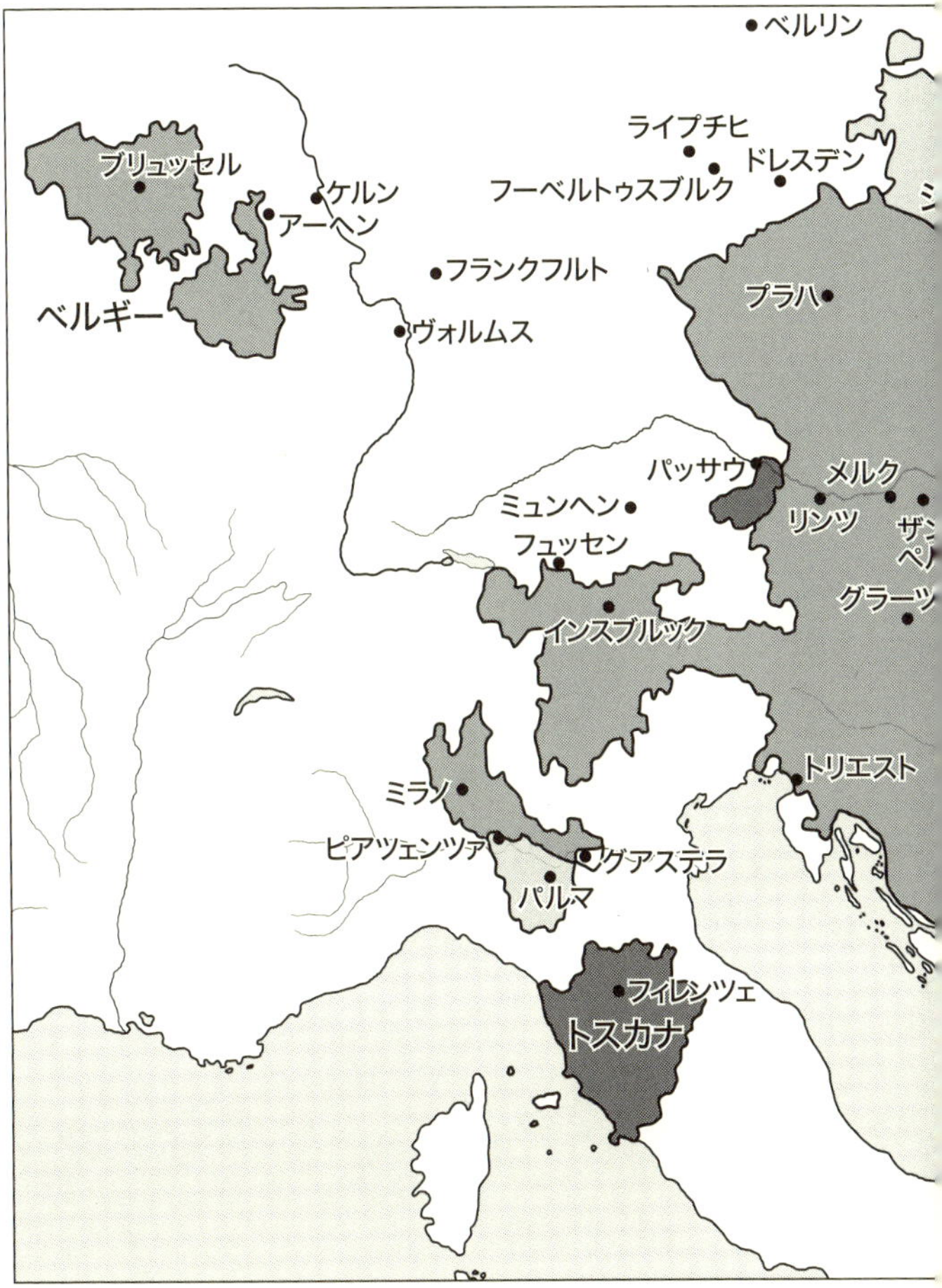
ベルリン
ライプチヒ
ドレスデン
フーベルトゥスブルク
ブリュッセル
ケルン
アーヘン
ベルギー
フランクフルト
プラハ
ヴォルムス
パッサウ
メルク
ミュンヘン
リンツ
フュッセン
グラーツ
インスブルック
トリエスト
ミラノ
ピアツェンツァ
グアステラ
パルマ
フィレンツェ
トスカナ

ハプスブルク家系図

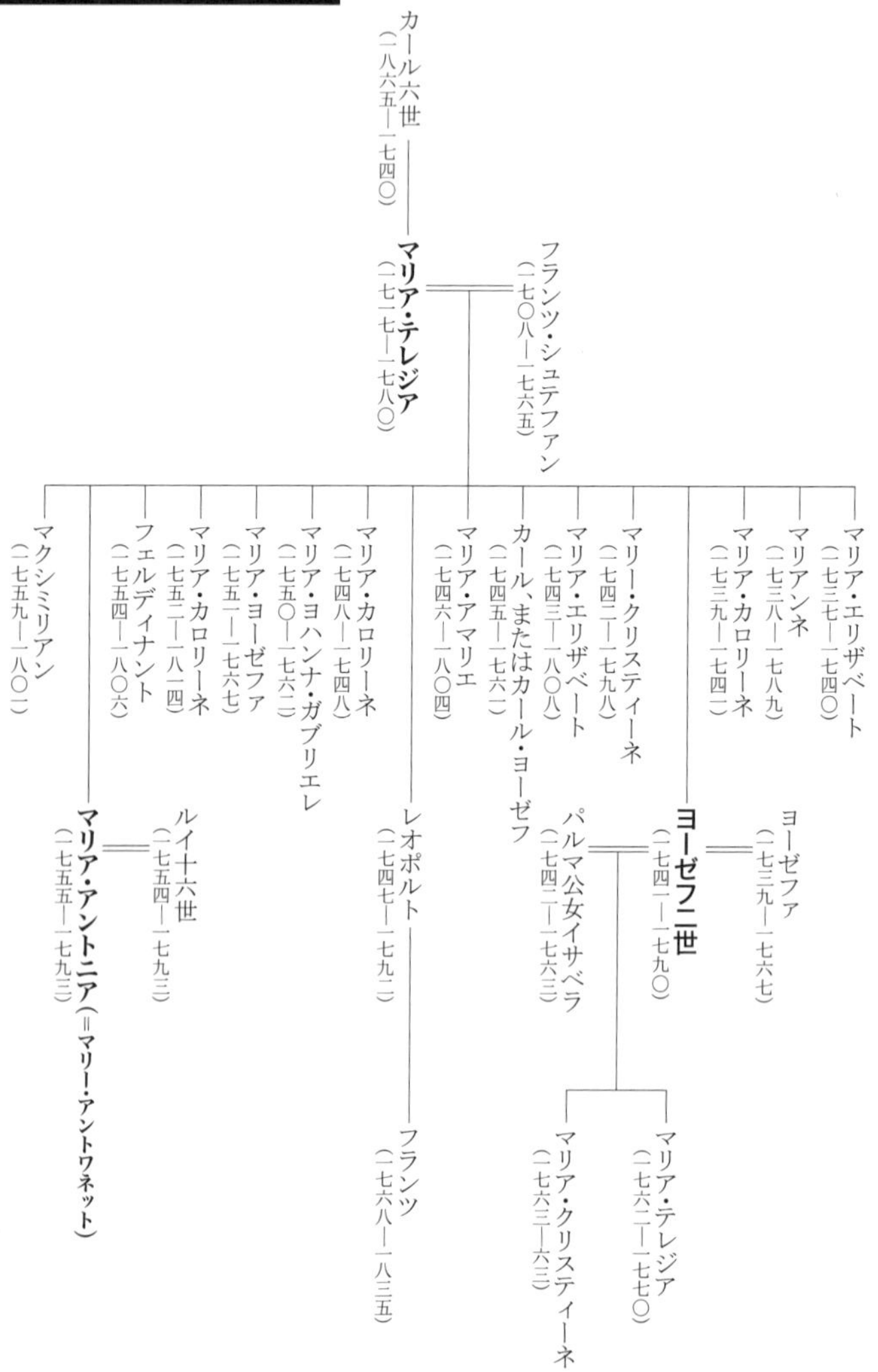

カール六世
(一八六五—一七四〇)
マリア・テレジア
(一七一七—一七八〇)
フランツ・シュテファン
(一七〇八—一七六五)
マリア・エリザベート
(一七三七—一七四〇)
マリアンネ
(一七三八—一七八九)
マリア・カロリーネ
(一七三九—一七四一)
ヨーゼフ二世
(一七四一—一七九〇)
ヨーゼファ
(一七三九—一七六七)
パルマ公女イサベラ
(一七四一—一七六三)
マリア・テレジア
(一七六二—一七七〇)
マリア・クリスティーネ
(一七六三—六三)
マリー・クリスティーネ
(一七四二—一七九八)
マリア・エリザベート
(一七四三—一八〇八)
カール、またはカール・ヨーゼフ
(一七四五—一七六一)
マリア・アマリエ
(一七四六—一八〇四)
レオポルト
(一七四七—一七九二)
フランツ
(一七六八—一八三五)
マリア・カロリーネ
(一七四八—一七四八)
マリア・ヨハンナ・ガブリエレ
(一七五〇—一七六二)
マリア・ヨーゼファ
(一七五一—一七六七)
マリア・カロリーネ
(一七五二—一八一四)
フェルディナント
(一七五四—一八〇六)
マリア・アントニア(＝マリー・アントワネット)
(一七五五—一七九三)
ルイ十六世
(一七五四—一七九三)
マクシミリアン
(一七五九—一八〇一)

革命家皇帝ヨーゼフ二世

ハプスブルク帝国の啓蒙君主　1741-1790

装丁・作間順子

I　生いたち

一七四一―一七六〇年

ローマ教皇からの誕生祝い

一七四一年三月十三日*

戦争真っ只中のウィーンは祝祭だった。プロイセンは、領土の半分がオーストリア領だったシュレージエンをすべて自国領とするために、オーストリアに戦争を仕掛けた。オーストリアの首都ウィーンの町では、人々がろうそくを窓辺に立て、その灯りが絵と詩を照らし出していた。これらは市民がみずから描き、小さく文字を書きいれ、切り抜いて作った絵であり、詩はラテン語のものもあれば稚拙なものまであった。三人の王女が誕生したものの、そのうちすでに二人を失ったオーストリア大公女マリア・テレジアは、ついに男子を出産した。その名は、「ヨゼフス・ベネディクトゥス・アウグストゥス・ヨハネス・アントニウス・ミヒャエル・アダム」といった。

これでもはや継承戦争というものは二度と起こりえない。王冠をいただく王位継承者が誕生したのだ。

プロイセンやバイエルン、フランスは、どの国もマリア・テレジアの政敵であったが、男である王位継承者を相手に、オーストリア領土を狙って戦争をしかけるような者は出現しないだろう。マリア・テレジアの父でありヨー

*原文では二月とあるが、三月とした。

幼子ヨーゼフ、民衆にお披露目

ロッパをその支配のもとにおいたカール六世は、あらゆることに譲歩し、協定を締結し、娘の領土相続を保証する「国事勅書」の承認を諸国からとりつけた。

カール六世は、唯一オイゲン公*の助言にだけは従わなかった。――オイゲン公は、「国事勅書」は二〇万の兵士を擁する陸軍部隊によって保障される、と助言したのだった。

だが、一七四一年三月十三日の深夜二時から三時のあいだに待望の男児が誕生した。いまだに歴史家が執拗に主張するように、祖父である皇帝カール六世の死とともにハプスブルク家の断絶は必定であったにちがいないが、ロートリンゲン家のフランツ・シュテファンの子**、ハプスブルク＝ロートリンゲン家の嫡子がこの世に誕生したのだ。

多くのウィーン市民は即興詩人としての才能をふるい、この政治状況を表現した。そのうちのひとりは、ズボンをボークナー小路〔ウィーン市内の地名〕の自宅の窓に掲げて、その下に詩を書いた。

さて、敵対者は消え失せるだろう。
いまやオーストリアはズボンをはいているのだからね***！

*オイゲン公サヴォイ。オーストリアをトルコ軍の攻撃から守った将軍。最高軍事司令官。

**当時ヨーゼフの父フランツ・シュテファンは、フランツ一世となり神聖ローマ皇帝を戴冠していた。

***つまり男子の王位継承者がいるという意味である。

「消え失せる」という意味を敵対者は知りたがるところだろう。この詩はもちろんウィーンっ子たちには明白であり、「消え失せる」とは当時のウィーンの方言で「脅威に映る」ことを指していた。

オーストリア家のヨーゼフが最初にはいたズボンは、しかしハンガリー製であった。

枢機卿コロニッチュを通じて、厳格なローマ・カトリック教会を支持する王家の当然の権利として、ローマ教皇ベネディクト十六世がハプスブルク＝ロートリンゲン家の後継者の代父となった。*

教皇からの誕生祝いの数々の品のなかに、聖別されたおむつが含まれていた。ローマにいる教皇みずからが聖別したものである。だが、そのことはすっかり忘れられていた。**

バチカンでは四年もの年月をへて後、突如このことを思い出した。そこで〔使者の〕ヌンティウス・セルベロンニは、マリア・テレジア〔当時ハンガリー・ベーメンの女王〕のもとにおむつを持って馳せ参じた。

彼女はその贈り物を注意深く、それが乾いていることを確認すると、言った。「王子にはおむつもレースもいりません。彼がズボンをはくようになって、かなりたちました。そのズボンはハンガリー製です」。

＊ヨーゼフは教皇のほかにもうひとり代父をもち、それはザクセン選帝侯・ポーランド王のアウグスト三世である。ヨーゼフの名の後にベネディクト、アウグストの名が続いているのはそのためである。

＊＊聖別しただけで、送るのを忘れていたのだ。

プレスブルクのメルヘン

一七四一年九月十一日

目に訴えるものは千の言葉よりも多くを語る。上手くいつわりもする。それが絵画ならなおさらのことである。ヨーゼフの生涯にまつわる言い伝えは、愛国心によって美化されてきた。彼自身、それを阻止することはできなかっただろう。実際にこの世に誕生した日は、誕生日とされる日より七カ月前のことである。ウィーンの書店主であり執筆家でもあったフランツ・グレーファーは、革命が勃発する一八四八年にこう書いている。「永遠に記憶に留まるあの瞬間。苦境に立たされた偉大な女帝がハンガリー貴族の援助を要求する場では、熱狂した声が響き渡った。« Moriamur pro rege nostro Maria Theresia »*（われらの命はわれらの女帝マリア・テレジアのために）いまなお多くの人々が、その情景をありありと思い浮かべることができる」。「女帝が、いたいけなヨーゼフを腕に抱き、ハンガリー人たちに向けて高く差し出すと、彼らは宣誓のために自らのサーベルを抜いて同じように高く掲げた。筆自慢の作家たちによって次から次へとあらたな「物語性ゆたかな」創作が生みだされ、このような場面が次々に付け加えられていった」。そうなのだ。魅惑的

＊当時ハプスブルクはプロイセンとの戦闘中であり、戦いを継続し勝利するためには是が非でもハンガリーの支援をとりつける必要があった。

なものは身近に存在し、いや、銅版画になって壁に掛けられている。人がそう望むときには、事実として実在する。しかし、グレーファーは、執拗に異を唱えている。彼は、ヨハン・マイラート伯と、一八三五年に提示されたと思われる当時の状況をめぐる二つの論拠をその引き合いとして引用している。「ハンガリー宮廷に所蔵される一七四一年の議事録」と「一七四一年議会に出席し、詳細な日記をつけ」、「幼少のヨーゼフと三歳のマリアンネ大公女がドナウ川を船でプレスブルクに到着したさいに岸辺にいた」ガブリエル・コリノヴィッチである。

ここで焦点となるのは、一七四一年九月十一日という日付である。

この日、ハンガリー女王に即位して四カ月となるマリア・テレジアは、ハンガリー貴族にこう呼びかけた。反乱が勃発し、オーストリア領ハンガリーはきわめて危険な状況に陥った。プロイセンによってシュレージエンは占領され、プロイセン軍はベーメンの懐深くまで侵攻している。フランスとバイエルンはザンクト・ペルテン〔ウィーン近郊の町〕を掌握し、ウィーン陥落がすでに危惧されている、と。女帝に残された最後の頼みの綱はハンガリーだった。

もっとも彼ら〔ハンガリー貴族たち〕にもそれなりの条件があった。それを受けて、ハンガリー貴族階級の特権を容認する旨の提案が、オーストリアから提示されたのである。「これをもって九月十一日と決定する」と、マイラートは報告している。

同日、マリア・テレジアは蜂起を呼びかけた後に退場し、議会はこの提案を審議すると、すべての案がその場で承認された。この若き女帝は、議会に再び晴れがましく迎え入れられ、ハンガリー貴族たちは彼女を「女王！」と呼んだ。

このストーリーがたとえ誤ったものだとしても、きわめて印象的な話である。

これではもの足りない？　もっと感動的だったと？

そうかもしれない。

だからこそ、心に訴えかける絵が誕生したのである。それは絵画ではなく銅版画で制作された。そのため、民衆は多くの複製を手に入れることができた。

波立つようなブロンドの髪と、失った領土への悲嘆を示す黒の衣服に身を包みハンガリーの王冠を頭にいただいたマリア・テレジアに向かって、ラテン語での宣誓のかわりに、引き抜かれたサーベルが掲げられている。そして当然、女帝にとって初めての男児であり未来のハンガリー王となるヨーゼフが、ハンガリー貴族のいでたちをし、母の腕に抱かれている。彼は三歳から

おとぎ話のような絵。ヨーゼフ大公がハンガリーの装いで母マリア・テレジアの腕に抱かれて、一七四一年九月十一日にハンガリー議会に出たと

四歳にみえるほどにしっかりした体格で、銅板に刻印されている。
ただわずかばかり残念であるのは、この幼い王子がその日九月十一日にはまだウィーンにいたことである。彼がプレスブルクに連れて来られたのは、九日後の九月二十日のことである。

その証人であるガブリエル・コリノヴィッチは書いた。「晩の六時にヨーゼフ大公と大公女は、船でウィーンからプレスブルクに到着した。彼らをひとめ見ようと多くの民衆が集まり、船を見ることが許可された」。

翌日、王子は実際に貴族たちにお披露目された。しかし母の腕に抱かれてではなく、乳母に抱かれてであった。

一七四一年の議事録には、こう記されている。

「九月二十一日午前八時、〔ハンガリー〕貴族たちが城に集まった。第一の間で少し待った後、第二の間に移った。その後すぐに、夫君と、乳母に抱かれおしめをした王子をしたがえて、女帝が姿を見せた。女帝が部屋に進み入ると、万歳を叫ぶ声が挙がった。そして共同摂政としてフランツ大公が宣誓し、グラン〔現ハンガリー北部、現エステルゴム〕の大司教がそれを読み上げた。宣誓のさい、大公はさらに言葉を継いだ。女帝と帝国のために血と命を、と。ここで再び万歳の声が挙がった。このとき乳母はこの幼い王子を高々と持ち上げ、臨席する全員に披露された。三度目の万歳が叫ばれた」。

ヨーゼフを抱いてプレスブルクの議会に出るマリア・テレジア

これらの事情から、銅版画にみる愛らしさが人を惑わせ、共感をよぶ宣伝、広告として、ヨーゼフ皇帝のひととなりが世間に流布されていったと思われる。

これは一枚の絵によって語られた、美しいメルヘンだった。

東ドイツのプロイセン国王はフリートリヒ二世である。このプロイセンとハプスブルクは戦うことになった。

マリア・テレジアは、ハンガリーの助力を得るためヨーゼフを腕に抱いて議会に臨んだとされている。フランツ・シュテファン大公は政治を嫌い、ハンガリーの共同統治者としての地位をこの時に辞退した。

一七四一年四月十日、ドイツのブレスラウ南東のモルヴィッツで会戦があり、シュレージエンでのオーストリア司令官ナイペルク侯は、プロイセン元帥シュベリーン伯に敗北した。フリートリヒ二世はこの戦闘で負け、逃走した。シュベリーンの勝利は、バイエルン選帝侯カール・アルブレヒトを力づけた。彼は、オーバー・オーストリアに侵入する。フランスでは戦争勢力が強くなった。

フランツとマリア・テレジア

絨毯の下からの神の声　一七四五年

皇帝ヨーゼフは、性格の点では父であるフランツ・シュテファンのよい部分をなにひとつ受け継いでいなかったが、それとは逆に母マリア・テレジアからは多くを譲り受けた。

頑固さもそのひとつである。

皇帝が四歳のときの話である。

あるとき、彼は絶食を決意した。これが初めてのことではなかった。世話係や家庭教師によって差し出されるすべてのものに対し、こう言った。

「欲しくない」。

皇帝は八日間この遊びを続けた。厳格な母でさえ心配し始めた。しかしある年配の士官によってこの事態は解決されたのである。彼はこの小さな頑固者のことを熟知していたようにみえた。母である女帝よりも。この士官の腹話術の腕前は、仲間内でも評判だった。彼はこの王位継承者の治療を申し出た。

絶望しきっていた家庭教師はその案を受け入れた。それは、その士官が床

ヨーゼフ幼少期（四歳頃）

の上に長く敷かれた絨毯の下にもぐりこむという提案だった。ヨーゼフ皇帝はテーブルに連れてこられた。食事が並べられていたが、ひとこと、予想された言葉が発せられた。「いらない」。

このとき士官が絨毯の下から恐ろしげな声をあげた。「食べよ!」

ヨーゼフはその声に動揺して部屋の天井を見上げた。

その声は上から聞こえ、家庭教師はその天の声に賛同した。

これ以来、小さな頑固者は、二度と「いらない」と言うことはなかった。

もっとも効果的なおしおき　一七四六年

マリア・テレジアは鞭に手を伸ばした。頑固者ヨーゼフは、再びあることを企んでいた。それは反抗以外の何ものでもなかった。彼の家庭教師カタリーナ・フォン・サウラウ伯爵夫人は、宮廷の養育係とともに女帝に懇願した。大公が鞭でお仕置きされるなど前代未聞のことである、と。それに対して母であるマリア・テレジアは言った。「私もそう思います。これを最後に、鞭打ち止めることにしましょう」。

ハプスブルクの皇帝で、鞭でお仕置きをされたのはヨーゼフ以外には誰もいなかった。

八年間続いた継承戦争は、一七四八年十月十八日のアーヘンの和約で終結した。プロイセンは、シュレージエンの所有を保障された。オーストリアは、ロンバルディアのサルディニア地方を割譲し、また、オーバー・イタリアの侯国パルマ、ピアツェンツァ、グァスタラをスペイン・ブルボンの戦線に割譲せねばならなかった。参戦する全列強は、プラグマティシェ・サンクツィオン（国事勅書）に究極的に賛成し、いわゆるハプスブルク＝ロートリンゲン家を承認した。

ハンガリーのゲーテ　一七四八年二月十三日

厳格なる人物ベルリヒンゲンの箴言は、ゲーテの筆による荘重な作品*で知られる以前に、すでにウィーンの宮廷で知られるところとなっていた。その

＊ゲーテ作の戯曲『ゲッツ・フォン・ベルリヒンゲン』（一七七三年）。

言い回しは、ハンガリー出身の軍人バッチャーニを通じて、ごく幼いヨーゼフにはおなじみのものであった。

カール・バッチャーニ伯は、オーストリア継承戦争での歴戦の勇士であり、のちに公爵に任じられ、マリア・テレジアからウィーンに招聘された。彼は上級相としてヨーゼフ皇帝の教育指導者として選ばれたのだった。王子が七歳になるとスペイン式の宮廷教育が行われるのが慣例であった。

ヨーゼフにとってバッチャーニが最良の教師であったかどうかは、以下からうかがい知ることができよう。

みずからの恩師がまだ存命である時期の、皇帝の発言である。「上級相から私が学んだことは、〝くそくらえ〟の言葉以外は何もなかった」。

ベルリヒンゲンは実在の人物で、一五〇四年バイエルン継承戦争以後「鉄腕ゲッツ」として名を馳せた。ゲーテは彼を騎士道精神の体現としたが、実際は、戦闘と略奪を好み、自伝の痛快さはヨーロッパ中に広まった。

シェーンブルンの縞馬　一七五五年

生物学の知識をヨーゼフはまったくもちあわせていなかった。青年期に習得できなかった知識を、その後も得ることはなかった。

一週間の時間割は、早朝六時四五分から夜の九時四五分まで一日を通して行われ、日曜も祝日も例外ではなかった。午前中はイエズス会僧イグナッ・ヘーラーが宗教学を担当し、上級陸軍少尉バプティスト・ブレキン〔ヨーゼフの教育係〕が午後の二時から三時半まで数学の講義を行なった。生物や自然に関する講義は、報告書を読んでの会話に過ぎなかった。

一七八七年のこと、コベンツルがシェーンブルン宮殿で飼育するシマウマの購入を提案した時、皇帝はこころもとなげに文書でこう回答した。

「シマウマ一頭の値段がいったいどの程度であるかまったく見当がつかぬが、八〇〇ドゥカート*とはとんでもなく高くはないか」。

＊十三―十九世紀にヨーロッパで流通した金貨。現在でいうと一万円強とされる。

パルマ公女の肖像

一七六〇年十月六日

ヨーゼフはただうなずくだけでよかった。そうすれば帝国とシチリアの両方とも獲得できたのだ。その地は祖父カール六世が失った領土であり、その孫が容易に取り戻すことができた。結婚という結びつきによってである。ナ

マリア・イサベラ・フォン・パルマ（一七四一―一七六三）

ポリ大使カンポレアーレはすでに事前工作をすませていた。一方、ヨーゼフは当年十九歳。目の前の小さな絵にたちまち心を奪われてしまった。そこには十七歳のパルマ公女イサベラの姿が描かれていた。

ヨーゼフは両親に懇願した。それほど時間は必要なかった。マリア・テレジアとフランツ一世、そしてまさに帝国宰相カウニッツにとっても、この結婚は意中のものであり、あらたな同盟の方向性と一致していた。イサベラはフランス王ルイ十五世の孫である。オーストリアはベルサイユとの同盟関係を視野にいれていた。

ナポリからは絶え間なく圧力がかけられた。王位継承者がイサベラに夢中であることをカンポレアーレにどうやって理解させたらよいか。このときに功を奏したのは、ある外交的なトリックである。十八世紀という時代ならではの方法。つまり真実を告げたのだ。

「同意します」と、マリア・テレジアは動揺しつつこう記した。「ほかによい方策がみつかりませんゆえ」。

イサベラの肖像画は魅惑的であったが、実際の王女はそれにまさる美しさだった。

結婚式は、プロイセンとの戦争が五年目を迎えた首都ウィーンのアウグスティーナー教会で壮麗にとりおこなわれた。イサベラはヨーゼフの人生に

ヨーゼフの結婚式に参集する貴族たち

ヨーゼフ二世とイサベラ・フォン・パルマとの結婚。ウィーンのアウグスティーナー教会で。

おける幸福であった。しかし、その幸せは長くは続くことはなかった。

ヨーゼフにイサベラ・フォン・パルマとの結婚話がもちあがった。パルマ公女イサベラは、フランス国王ルイ十六世の長女ルーズ・エリザベトがスペイン王室のフィリップとの間にもうけた最初の子である。フィリップはスペインのフェリペ五世の四男で、後にパルマ公爵となる。

この結婚に対するマリア・テレジアのためらいは、当時ヨーゼフが十九歳であり、結婚には若すぎると懸念していたためといわれる。

一七六〇年十月六日に大公ヨーゼフ（十九歳）はパルマ公女イサベラ（十七歳）とウィーンのアウグスティーナー教会で結婚した。イサベラは一七六二年三月二十日初めての女の子を出産し、女児は祖母マリア・テレジアの名を受け継いだ。しかし、この子は八歳で亡くなった。一七六三年十一月に次女を出産するが、この子も誕生後まもなく命を落とした。

一七六四年三月二十七日、ヨーゼフはフランクフルト・アム・マイン（ドイツ西部の都市）*で神聖ローマ帝国皇帝に選出され、二十九日にフランクフルト入りし、四月三日に聖パウロ教会で皇帝ヨーゼフ二世として即位した。

イサベラがお産のベッドにいるそばで、ヨーゼフ二世が夜着を着て、座っている。一七六二年。マリー・クリスティーネ大公女描く。

＊ライン川の支流マイン川沿いに位置し、神聖ローマ帝国の直轄都市として繁栄した。

II　皇帝即位と共同統治時代

一七六四―一七八〇年

サイズ違いの礼服

一七六四年四月三日

皇帝は、約一メートル七四センチメートルの平均的な身長で、「ほっそりとしているが筋肉のついた」と表現されるように、引き締まった逞しい体格をしていた。ウィーンでの皇帝は、いわゆる「とてもよく成長した」姿として人の目には映った。しかし、戴冠式のために訪れたフランクフルトで、彼はそうは見られなかった。あまりにも痩せ過ぎ、小さかった。仕立屋は大きすぎる礼服を皇帝のサイズに仕立て直すため、まる一日忙殺された。帽子のサイズも同様、大きすぎた。

しかし、伝統として礼服の着用は決められており、ヨーゼフは、彼の礼服が体に合おうが合うまいが、それを身に着けなければならなかった。

まだ十五歳にもならぬ陽気な地元の若者が、間近の距離からヨーゼフを観察していた。市長の孫であったその若者は、レーマーと呼ばれる市庁舎まで、いとも簡単にたどり着くことができた。市庁舎では、神聖ローマ皇帝の戴冠式を祝うため、盛大な祝宴の準備が整えられていた。

市庁舎の巨大な正面階段を上がった若者は、三曲がりする階段の、鉄でで

ヨーゼフ二世が神聖ローマ皇帝に選ばれた祝賀

きた欄干に運良く場所を見つけた。そこから、皇帝家の人々とその日すべての出来事を、それもごく間近で見ることができたのである。「皇帝は若くて、着心地の悪そうな式服を着てカール大帝*の宝飾品を苦労しながらたずさえて歩く姿は、まるで仮装行列のようだった。皇帝は、父のフランツ一世のほうばかり見ていて、微笑みが浮かぶのをこらえることができなかった。王冠は、高さが出るように裏打ちされたにちがいなく、あたかも屋根でもかぶっているように頭上にそびえていた。祭服と垂帯も上手に彼に合わせて誂え直されていたけれど、やはりそれも皇帝の威厳を引き立てているようには見えなかった。王笏と宝珠は見事だった。しかし、人は、その服装にふさわしい立派な体格の人にこのような装いをさせてみたいという気持ちはおさえられなかった」。

その若者は、またの名をヨーハン・ヴォルフガング・ゲーテとして知られている。

ヨーゼフへの言及は、『詩と真実』**に収められている。もっとも、ゲーテの手によるこの文は、詩というよりはむしろ「真実」のほうにおかれるべきであろう。

＊フランク王国のカール大帝。神聖ローマ帝国の初代皇帝となる。

＊＊「詩と真実（第一部）」（ゲーテ著、小牧健夫訳、岩波文庫、二五三—二六三頁）に、ここで引用された部分の記述がある。また、ゲーテは、プファルツ家の執事に頼み込んで皇帝一家が食事をする大広間に首尾よく侵入することができた。「前日にこのための設備を見ることができて眼を驚かせたのだが、できるなら今日食卓の光景を一瞥したいといふのが私の切な願ひであつた。……大広間の入口の扉は警備されてゐたが、有資格者はたびたび出入した。私はプファルツの伯爵家の執事の一人を見つけて、私を中へ連れて行つて貰へないかと話しかけた。彼は一寸考へた末、私に彼がちやうど持つてゐた銀製の容器の一つを渡した。……プファルツ伯用の食器棚は左手に戸のすぐそばにあつた。……さうして……私はその台の上に棚の後ろに立つてゐた。」

若者ヘルダーの期待

一七六四年四月三日

前皇帝の〝フリッツ〟〔フランツ一世〕ではなく、若き皇帝〝ヨーゼフ〟に、ドイツの若者たちは希望を抱いた。二十歳のヨーハン・ゴットフリート・ヘルダーは、ドイツ古典文学の巨匠となってからも、その生涯を通じて、フランクフルトで戴冠した二十三歳のヨーゼフ皇帝を称え続けた。

皇帝陛下！　砂浜の砂ほどの幾多の気高い人々のなかから選ばれし人よ。
主君は、渇望するわれらに、ドイツの祖国をあたえる。

ひとつの法とひとつの美しい母国語を
そして誠実な宗教を
ルドルフの王位の上にこの素晴しい品々が御世を完成させる

あまりにも長く退けられた
ドイツの息子らが共に兄弟として、その慣習、その知識を生きることを

ヨーゼフが神聖ローマ皇帝に即位した際の食事会

王位によって、われらの父の力で
優美な時代に戻れ
フリートリヒは彼方
その勢力は皇帝に及ばない
永遠に響く詩であれ

シュトラウビングの犠牲者

一七六四年四月七日

ヨーゼフとの結婚の二年後に、イサベラは二十一歳の若さで天然痘を患って亡くなってしまう。非常に多才でたぐい稀な知性をもっていた彼女の死は多くの人に悼まれた。

イサベラの死後、ヨーゼフには再び縁談が持ち上がった。

フランクフルトにいるヨーゼフのもとに届いたマリア・テレジアの手紙は、

彼を苦しめた。彼の再婚を、帝国が要求していたのである。

皇帝は戴冠式の四日後、母親の良心に望みをかけつつ、理解を求める手紙を送った。

「わたしがあなたに対しこれほどまでに従順でなく、また世の中を知らない身であれば、この後の生涯を独身のままで過ごすか、何度でも天国にいる美しい天使と永遠の絆を結ぶでしょう。その天使に私は祭壇の前で誠実であることの誓いを立て、その言葉を反故にはいたしません」。

とはいえ、皇帝の心を心配がよぎった。「わたしはこのことによって、これまで依存してきた母上と決別します。けれども、これは、神がわたしに与えたことであり、わが人生への不運、わが魂にとっての悲劇というほどのことではないのかもしれません」。

しかし、マリア・テレジアは聞く耳を持たなかった。彼の抵抗は最後には打ち砕かれた。

結婚適齢期の王女たちのうち、政略的な視点から二人が候補者に選ばれた。ザクセン国のクニグンデとバイエルン国のヨーゼファである。今回、皇帝はこの非の打ちどころのない候補者をみずから仔細に検討した。クニグンデはおめがねに適わず、ヨーゼファが残った。

バイエルン王女は、マリア・テレジアの主義に一致していた。バイエルン

マリア・ヨーゼファ・フォン・バイエルン（一七三八―一七六七）。ヨーゼフ二世の二度目の妻

王は、ハプスブルク＝ロートリンゲンにとって敵対する存在であり、一国によるハプスブルク家領土の強奪を謀った経緯があった。一七四二年にバイエルン王はフリートリヒ二世の助力を得て、カール七世として神聖ローマ帝国皇帝の座を手中にしたのである。そのためにハプスブルク家皇帝による系譜は三年間途絶えてしまった。しかしその険悪な外交関係も、カール七世の死とともに消滅した。それから二〇年余りの歳月が経過していた。バイエルン王女との結婚は、ハプスブルク家と王室、帝国文書館に所蔵される由緒ある資料にあらたに書き加えられ、隣国へのオーストリアの要求を保障するものと思われた。

「汝、祝福されたオーストリアよ、バイエルンと結婚せよ！」

結局、皇帝はヨーゼファとシュトラウビング〔ドイツのバイエルンにある都市〕で会うことはなかった。彼女の美しさを人づてに聞いていたが、実際のところ十人並みの容姿であった。皇帝は、噂話につきものの決まり文句を聞き流すすべを心得ていた。

「わたしは美しさというものに疎いもので。だから私の目には、王女は麗しく映るだろう」と言って、皇帝は幻想を抱くことはなかった。

一方、母マリア・テレジアは、すでにヨーゼファをハプスブルク家に迎えることを決心していた。

ヨーゼフとヨーゼファ・フォン・バイエルンの結婚の際の花火

戴冠式の九カ月後、前妻イサベラの死から一三カ月後に、ミュンヘンで婚姻の締結が行われた。

閉ざされたバルコニー　一七六五年一月二十三日

結婚式は、一七六五年一月二十三日にシェーンブルン宮で行われた。皇帝家継承者ヨーゼフ二世とバイエルン王女との強制的といえる結婚は、皇帝とヨーゼファの二人にとって煉獄であった。

ヨーゼファの全身はあばたでおおわれ、手を触れることができないと、皇帝は言った。夫婦間での会話はなかった。旅の途上、皇帝はマリア・テレジアに向けた長い手紙の最後にこう書いた。

「この便りで、わたしが妻のことにまったく言及しないことをお許しください。ふたりの関係は気まずく、そうしたことをしたためるのは忍びないのです」。

シェーンブルン宮殿の夫妻の部屋をつなぐドアは、閉じられたままであった。二人の部屋は、バルコニーを通って行き来できるようになっていたが、皇帝は、それだけでは不十分だといわんばかりに、今度は、バルコニーに板を取り付けて閉鎖してしまった。それぞれが別居状態で生活した。ついに皇帝はヨーゼファへの自分の感情をあらわにし、周囲の者には当然、あまつさえ母マリア・テレジアにも見せ付けた。

ファルケンシュタインの相続　一七六五年八月十八日

「紳士淑女の皆様、おやすみなさい。晩餐会でまたお目にかかりましょう」と、フランツ一世は挨拶をすませると、宮殿を後にした。妻のもとに一人で赴くためであった。人々はインスブルックにいまなお滞在していた。ヨーゼフの姉妹たちを除き、皇帝夫妻とヨーゼフ大公、宮廷官吏の大半が、ヨーゼフの弟レオポルト大公の結婚式のため、ここティロル〔オーストリア西部からイタリア北部にわたる地方〕の首都に集っていた。レオポルト大公は十八歳で、彼より一歳半年上の花嫁マリア・ルイーザはスペイン王カルロス三世の次女

ヨーゼフ二世と弟・トスカナ大公レオポルト

である。だが、万事めでたし、というわけにはいかなかった。なぜなら、当初予定されていた一七六五年八月五日の聖ヤーコプ教会での結婚式は延期されなければならなかったからである。というのも、レオポルト大公は式の直前に秘蹟を必要とするほど重篤の腸疾患にかかった。そのため結婚は形式的なものとなった。

スペイン王宮とも不調和が生じた。スペイン側の思惑では、レオポルトがトスカナ大公の座に就くはずであった＊。それも総督としてではなく、ウィーンが承認したフランツ一世の後継者として、である。この問題は八月十八日に解決した。

この晩、劇場を訪れ、喜劇の上演を楽しんだフランツ一世は、長い廊下を通りぬけてレオポルト大公の部屋に続く控えの間を歩いていた。廷臣たちはすでに退室した後だった。皇帝が狭い通路まで来ると、上の階と下の階に分かれている階段に突き当たった。フランツ一世の後を少し遅れて、ヨーゼフが歩いてきた。彼の部屋は、皇帝の部屋と同じ方向にあった。階段を上まで登ると、疲れた皇帝は頭を、とある部屋の扉にもたせかけた。そこはフランツ一世の父レオポルトが誕生した間であった。ヨーゼフはフランツ一世のそばに急いで近づくと、椅子に腰掛けるよう声をかけた。そしてただちに医師を呼ぼうとしたが、五十七歳のフランツ一世はそれを手で制止した。「たい

マリア・ルイーザ（一七四五—一七九二）

＊トスカナはフランツ一世の領地である。

したことではない。いつもの発作が起きたまでのことだ。従順な息子よ。心配には及ばない。さあ、気にせず先に行きなさい」。

皇帝が歩き出してからも、ヨーゼフはその場で後姿を見守っていた。父の上体がたわみ、もたれかかったドアにしがみつくのを見たヨーゼフは、すぐに駆けつけ、父を受け止めると、ザールム伯と従者とともに皇帝を控えの間へと運び入れ、従僕の寝椅子の上に横たわらせた。医師と外科医、贖罪司祭が緊急に招集されて瀉血治療が施されたが、すべて手遅れだった。フランツ一世は息を引き取った。

父の死によってヨーゼフに残されたのは、皇帝の地位ばかりではなかった。フランツ一世の領地であるファルケンシュタインも譲り受けたのである。

ファルケンシュタインは、ウィーンの西部もしくはケルンテンにあると思われるが、相続領は上ライン地方にあった。かつては独立した土地だったが、一四五八年にフリートリヒ三世からロートリンゲン公に封土として与えられ、フランツ・シュテファンの受領地となった。ウィーン宮廷が積極的に働きかけたマリア・テレジアとの結婚と引き換えに、彼は一七三六年にみずからの生地であるロートリンゲンをフランスに譲渡し、かわりにトスカナの土地とその爵位を獲得したのだった。フランツ一世は、みずからの財産であるファルケンシュタインに固執し、ファルケンシュタインは、フランツ・シュテファ

死の床にあるフランツ一世

ンとマリア・テレジアとの結婚の結果、オーストリア領となったのである。*

したがって、オーストリア君主に与えられた偉大な爵位に、この小領地に**由来する「ファルケンシュタイン伯」の肩書がつけ加えられた。ヨーゼフ二世にとってファルケンシュタイン伯の称号は、単なる一つの称号以上の意味を持っていた。「ファルケンシュタイン伯爵」の名を、ヨーゼフはみずからの隠れ蓑に用いたのだ。「皇帝の名よりもはるかに快適だ。この名のおかげで、気に入らない退屈でつまらんお世辞を聞かずにすむ」。

この皇帝の別名を王宮で知らぬ者はなかったが、皇帝がその名をとても愛好していただけに、公然の秘密として取り扱われていた。皇帝はミュンヘンでとある宮廷女官***と会った際に、間髪入れず挨拶の言葉をこう口にした。「麗しい従姉妹どの」。

*ファルケンシュタインは、一八一五年にバイエルン領となり、今日の地理でいえばドイツのラインラント・プファルツ州あたりに属する。

**領地ホーエネムを併せても、ファルケンシュタイン領は六平方マイルにすぎなかった。

***この女官はファルケンシュタイン伯爵夫人という名であった。

炎と消えた遺産　一七六五年九月

ヨーゼフが父フランツ・シュテファン（フランツ一世）から受け継いだも

のは、神聖ローマ帝国皇帝とファルケンシュタイン伯爵という地位だけだったのか？　この問いに対しては、女帝マリア・テレジアでさえ答えようがなかった。

フランツ一世の遺言書は、死後かなりの時が流れてから発見された。一七五一年に書かれたその遺言書は、書き直されることなく保存され、こう記されていた。「すべての財産を長男であるヨーゼフに譲る」。

フランツ一世がこれまでに築き上げた財産は、莫大なものであった。行政に関与しなかったフランツ一世は、国庫財政に従事する財務官として、帝国軍に供給される軍服や武器、馬、制服の支給・管理を、一手に取り仕切っていた。彼は担保と引き換えに融資をおこない、仲介人を介してザクセンの関税収益権を借り上げた。

一七五六年には、妻であり女帝でもあるマリア・テレジアの仇敵、再び戦火を交えることとなるプロイセン軍に対して、小麦と飼料さえも供給した。

フランツ・シュテファンは、まず、みずからの大公領であるトスカナで最初の財産を築いた。七年戦争の間に、ハプスブルク帝国を相手に二二〇万グルデン*を貸し付けた。そこから彼は五～六パーセントの利子を得た。この時の借用書もまた遺産の一部に含まれていたが、皇帝の手によってこの証書は正式に焼却された。

*銀貨の単位で、一グルデンは現在の一万円に相当する。

証書はたちまちのうちに燃え尽きたが、長期間にわたる、結果的には徒労に終わった戦争のあとに残された借金は、三千万グルデンにまで膨らんでいた。

フランツ一世はヨーゼフの腕の中で息を引き取った。その瞬間、神聖ローマ皇帝の帝位はヨーゼフに移った。皇帝ヨーゼフ二世は、母であり、帝妃・女王であるマリア・テレジアによって共同統治者として宣言された。父フランツ一世によって取得され皇族所有とされていた多くの領地は、一七六六年に国家に返納された。

二人の共同統治　一七六五年九月二十三日

ヨーゼフ二世の在位は、フランツ・シュテファンの死後わずか一カ月間にすぎなかった。その後マリア・テレジアの命により、彼は共同君主となった。その意図はこのように伝えられた。「共同支配の形態をとることで、現存する帝国運営の遅滞と、すべての、もしくは部分的な領土の割譲を回避することにある」。

マリア・テレジアは、おそらくヨーゼフを亡き夫の分身と見なしていたと思われる。ハンガリー君主を戴冠するやいなや、フランツ・シュテファンは政治から排除された。引き続き、彼女は夫を皇帝の座に就けるための画策をめぐらした。だが、これにどれほどの意味があっただろう。

神聖ローマ帝国において、皇帝はもはや何の権限もなく、自国でのみその権威がものをいうに過ぎない存在となっていたのだから。

フランツ一世は一七四五年から一七六五年までの二〇年間皇帝の座にあったが、歴史書にある君主リストに名を連ねるほかには何か特筆されるものがあるだろうか。

彼は物静かで、口数が少なく、従順な、子煩悩な人物だった。それと同時に、抜け目ない商人としての横顔も持ち合わせていた。それだけであった。

女帝は、息子のヨーゼフにも夫と同じ役割を期待したが、彼はそれほど愚鈍と思われていたのだろうか。

ヨーゼフは三度にわたり、共同統治者の立場から退きたいと申し出た。一七六九年一月と一七七三年十二月、一七七五年十二月のことである。その度ごとに彼の申し出は退けられ、彼の抗議は無駄に終わった。

次の手紙は、ヨーゼフが一七七五年のクリスマスの前日に母宛てにしたためたものである。

「人間は、本心を偽ってまでその地位に甘んじるべきではない。それは神に対する罪です。次期王位の正当性を与えられた私の決断が、焦りからよく熟考することなく、慣例からの単なる引用になってしまったり、〔それに対する嫌悪から、逆に〕偏ったものであったなら……〔わたしが〕王位にふさわしい考えの持ち主ではないとの誠実な意見に従って、わたしは適任ではないとの証しを明白にお示しになりました。仮に、わたしを納得させるような新しい信念がみつかりでもすれば、考えも変わるでしょう。〔でも〕執拗で要求の多い苦痛に満ちた規則では、わたしの心は変わらず、祖国の名誉や民を傷つけてしまうでしょう。ならば、どうすべきか。わたしは考え抜いた末の決心をお知らせしました。わが国にとってわたしの存在とは、無益であるばかりか有害なのです」。

手紙を読み終わるや否や、マリア・テレジアは返事を返した。「どれほど努力しても私たちは互いを理解しあうことはないのですね。今のわたしにとって、もっとも心の痛むことです」。

この妥協の余地のない状態は、母と息子との間の愛情によって一時的な解決をみた。だが、宮内官らにとっては、愛情どころか騒動へといたる道であった。

宮内副宰相フィリップ・コベンツル伯は、マリア・テレジア治世の後期を、女帝とヨーゼフとの仲介者として仕えていたが、ため息まじりにこう語った。「国家の最高権力を二つに分けることなど不可能だった。権力は完全に女帝の掌中にあったが、彼女は皇帝の同意なしに行使する気はなかった。皇帝は女帝と意見を異にするような時には、胸襟を開いて互いに議論を重ねようとはせずに、ただ女帝の意見に従う態度をとった。皇帝は自分に非がある場合でさえも、女帝への配慮をもたずに頑なな態度を押し通し、女帝はそのような皇帝の態度に苦しんだ。皇帝と口論になった後に女帝が涙する姿を、私は何度も目にしている。ある案件で皇帝の意見がとりあげられた時に、女帝は私を皇帝のもとに遣わしたが、皇帝は無言のまま、私を再び女帝のところへ送り返してしまったのだ」。

流行色は瞳のブルー

一七六五年秋

母マリア・テレジアゆずりの深いブルーの瞳で、ヨーゼフは多くの女性たちを魅了した。それがどれほどの効果をもっていたかは、帝国内のあますところなく皇帝陛下の瞳のブルーが流行色となったことにあらわれていた。

二十四歳のヨーゼフ。ファルケンシュタイン伯

ウィーンの草原

一七六六年四月七日

ドナウ川に浮かぶ、七百ヘクタールの広がりをもつ緑豊かな島では、鹿や猪、穴熊、狐、鴫《しぎ》が百年以上にわたって生息し、狼や熊の姿も見られた。そこは年二回ヨーゼフの祖父カール六世の時代から御料地の狩場となり、一般民衆の立ち入りは御法度とされていた。一五六〇年にマクシミリアン二世は、王宮からさほど遠くない距離にあるこの地を理想の狩猟場だと考えた。その

三〇年後に、ルドルフ二世もまた厳しい表現で市民が足を踏み入れることを許さなかった。「許可なくして、何者も、御料地であるウィーンのプラーター〔ドナウ運河とその本流の間に広がる地域〕に、徒歩、馬ならびに馬車で立ち入ることを禁ず」。

マリア・テレジアは、宮廷に出入りする貴族に限って、プラーターへの進入を黙認した。ただし、許可は主要な通り道とその付近を利用することに限定されており、草原と森に入ることは、森林保護を目的として認められていなかった。貴族の特権ということに、ヨーゼフは納得しなかった。彼はすべての人にプラーターを解放した。「いまからどの季節、どの時間でも、身分の違いによらず、主要な通り道のほか、側道とすべての場所を開放する」。治安上から、唯一、以下の一点が付け加えられた。「ひどく離れた場所や森の奥深くへ立ち入ることは、由々しき事態を引き起こす可能性があるため、禁ず」。

このようにして、誰もがこの地を散策できるようになった。当時のウィーンの新聞である『ウィーン日報』は、印象的にこう記している。「人々は、ボール遊びや玉突き、その他許された思い思いの娯楽を楽しんでいる」。そこにはまた、礼儀に厳格な母親を安心させるため、こう続けられていた。「われわれが望んでいた数多くの娯楽を享受できるような、恵み深い自由が許可されようとは思いもよらぬことであり、迷惑を及ぼす行為や、許されざる放埒な行為、また人の気分を害する行為におよぶような者はいない」。

このことは絶大な効果を与えた。酒を売る屋台は繁盛し、コーヒーやお茶、夏にはアイスクリームまでもが売られるようになった。プラーターでは子供たちのためにソーセージ屋とメリーゴーラウンドが作られた。

それから九年後の一七七五年に、ヨーゼフは、それまでプラーターを取り囲んでいた格子状に編んだ柵を撤去した。これによって、事実上、昼に限らず夜も自由に立ち入りが許可されることとなった。これまでプラーターへは二本の橋でつながっていたが、ヨーゼフは小川を土砂で埋め立て、一七八一年にはプラーターの中心に向かう道が新しく設けられた。人々にとって、格好の遊歩道が完成したのである。この大通りの突き当りには、あずまやがつくられた。プラーターまでの道すがら一息つくことができるようになり、一七八二年から一七八六年にかけてはプラーター・カフェが三軒オープンし、賑わいを見せた。

ヨーゼフは、アウガルテンにある別荘からプラーターまでの専用通路をつくった。この道は現在、ハイネ・シュトラーセとよばれている。

この公共の緑地は、皇帝ばかりでなく多くの囚人に癒しをもたらした。囚人たちの動員については、ヨーゼフ自身が指示をくだした。乾燥した天気の日には、風が大通りを吹きぬけて、ほこりが舞い上がった。この対策として、皇帝は一七八〇年に広い通りの二四カ所に泉を設置させた。風の吹く暑い日中には、通り道に水が撒かれ、囚人たちがこの作業にあたった。一日の作業が終わると、囚人たちは独房に戻ろうとはしなかった。彼らの大半にとって、水撒きは逃走のための絶好のチャンスとなった。

日曜日の日課

一七六六年六月七日

プラーターの門がすべての人に開かれたことは、ウィーンっ子にとって予想すらしなかった素晴しい出来事だった。屋台ではコーヒーやお茶、アイスクリームが飛ぶように売られ、多くの人で賑わいをみせた。ウィーンの町に隣接した緑地も解放され、居酒屋に立ち寄る姿も多く見られた。そこでは、たっぷり食べて飲んで玉突きをし、子供たちには人形劇場やブランコ、ボール遊びができる場所が十分にあった。日曜と祝日には、朝まだ薄暗い時間からウィーンっ子たちが家族そろっておしかけた。それは、神にとっても早すぎる時間である。

　プラーターを開放してちょうど二カ月後に、皇帝は突然に再びプラーターを閉鎖してしまった。一七七五年まで確かにそこが御料地であったことを理由に、日曜と祝日の午前一〇時までは閉鎖され、人々に帰宅時間を知らせるため、夕方には三発の砲音が鳴らされた。ヨーゼフは布告も出さぬままに、プラーターへの巡礼者を締め出してしまったのである。人々は、休日の午前一〇時までどこにいったらいいのかと不平を言った。皇帝はこう答えた。「まず、教会へ行きなさい。コーヒーはそのあとにするように」。「プラーター周辺は、あらゆる人々にとって楽しみの場であり、開放が望まれていようが、日曜と休日の午前一〇時前は、敬虔なキリスト教徒としてミサに参列すべきであり、プラーターは開放されない。どのようなかたちであれ午前一〇時前にそこに立入った者は、重罰に値する。よって、その者には身分を問わず、厳刑を言い渡すものとする」。

ブリュンの囚人

一七六六年七月十九日

皇帝は一人きりで、誰もいない刑務所の独房に足を踏み入れた。カビの臭いが彼を襲った。床には水が溜まり、室内の気温は年間を通じて八℃だった。「鍵をかけて、わたしをひとりにするように。一時間たったら迎えに来なさい」と、皇帝は衛兵に命じた。

ヨーゼフ二世は、ブリュン〔ブルノ。現チェコ南東部の都市〕にある悪名高いシュピールベルクの帝国牢にたたずんだ。彼はひとづてに聞くのではなく、みずから体験しようとしていた。重罪を犯した犯罪者は、もっとも深い地下牢の中で、一生涯罪を贖わなければならなかった。彼らは、四カ月のあいだ刑に服した。その湿度と寒さのうちに、発狂するか死を迎えた。皇帝は、この監獄をどうすべきかを十分自覚していた。皇帝から命じられた時間になり、衛兵は牢の鍵を開けた。

皇帝は牢から出ると、咳き込んだ。上着には湿気が染み込んでいた。

外光のもとに歩み出ると、中庭に向かい、そこにいた指揮官たちに第二の命令を下した。

「わたしをこの牢の最後の囚人とする」。
ブリュンの地下牢は、このときを最後に永遠に閉鎖された。

コンクラーベへの闖入　一七六九年三月十七日

コンクラーベ*のためにローマのバチカンに集合していた枢機卿たちは、驚きのあまり絶句した。彼らが教皇クレメンス十三世の後継者を選出しようとしていた場に、突如として皇帝が姿を現したのである。皇帝は片手に剣を携え、もう一方の側にはレオポルトが付き添っていた。コンクラーベの席には、枢機卿以外の者の立ち入りは認められていなかった。そこに皇帝が侵入し、それればかりか武器さえ携行していたのである。真っ先に冷静さを取り戻したアルバーニ枢機卿は、こう考えた。皇帝は祖国の防衛と宗教の擁護を目的として剣を携えているだけであり、そのことは彼の権利として当然のことである、と。

皇帝は、知らぬふりをきめて、こう尋ねた。「最も長い時間を要したのは、

*ローマ教皇を選出する会議で、枢機卿によって構成される。もともとは選挙期間中の干渉を避けるため、枢機卿らがこもる囲いを意味する。

どの教皇選挙であったかな。」「ベネディクト十四世が選出された時でございまして、ほぼ一年かかりました」。皇帝は言葉を継いだ。「ベネディクト十四世に匹敵するほどの尊厳ある教皇が今回も選ばれるなら、それは私にとっても喜ばしいことである」。

この言葉によって皇帝が暗示したことは、枢機卿らには明白だった。ウィーン宮廷はこれまでカトリック世界に峻厳として君臨してきた教皇よりも、より妥協的な教皇を望んでいた。皇帝の意図は、イエズス会を解散させることにあった。

枢機卿の中で誰が教皇の座に着くか、ハプスブルクにとって望ましい結果を皇帝はみずから態度で示した。フランシスコ会を代表する枢機卿、ローレンティウス・ガンガネーリの元に、レオポルトとともに歩み寄った。二人は枢機卿の前に跪き、皇帝が言った。「教皇聖下、神聖ローマ帝国皇帝とトスカナ大公はあなたからの祝福を乞うております」。枢機卿は笑みを見せながら答えた。「お二人の同意だけでは教皇の選出には不足です。年寄りをからかうには、二人では多すぎましょう。なれど、期待に満ち溢れる高貴なお二方に祝福を授けることは、わたしに授けられた使命であり、喜んでそういたしましょう」。

次代の教皇に選出されたのは、枢機卿ローレンティウス・ガンガネーリであり、彼は新教皇クレメンス十四世として即位した。

皇帝の理髪師

一七六九年六月二十日

ローマからの帰途、皇帝はミラノのある宿屋に立ち寄るつもりだった。そこにはウィーンからやってきたという洗練された紳士が、昼食の食客として招待されることになっていた。宿屋の娘が探りをいれて聞きだしたところでは、その紳士は伯爵で、流暢なイタリア語を話した。その美しい娘は、しずかにその伯爵の側に歩み寄った。「私は皇帝がここにお泊まりであるのを知り、嘆願書を持ってまいりました」。こう言うと、彼女はためらいがちに続けた。「皇帝はわたしの願いをお聞き届けになると思われますか」。彼女はいまや心のうちにあるものをすべて打ち明けた。期待に満ちたまなざしで、彼女は伯爵を見つめた。ファルケンシュタイン伯爵〔ヨーゼフ二世の別名〕は、自分のあごを手でなぞってみせ、自信ありげに言った。「その願いが正しいものならば、必ずや聞き届けられるでしょう。」そしてこう付け加えた。「私は皇帝の人柄をよく知っています。私は皇帝の髭を毎日あたっているのですから」。

ミラノでの訪問

一七六九年六月二十日前後

皇帝はミラノでの滞在のおり、評判をよんでいたザノーニ〔役者〕がトラヤヌス〔ローマ皇帝〕を演じる舞台に足を運んだ。満足した皇帝はその翌朝、予告なしに突然ザノーニを訪ねた。彼はまだ寝巻き姿のまま、事の成り行きをまったく理解できずにいた。あわてふためく俳優に向かって、皇帝は言った。「落ち着きなされ。われわれは面倒をかけるようなことはせぬ」。

スラヴィコヴィッツの敵　一七六九年八月十九日

ヨーゼフは、プロイセン国王フリートリヒ二世を高く評価していたが、マリア・テレジアは生涯の宿敵を息子が尊敬するのを嫌った。ヨーゼフは国王との面会のため、シュレージエンに向かった。

一七六九年のある暑い日のことだった。若き皇帝は、馬車でナイセ川*に向かっていた。急ぐ旅ではなかった。プロイセンのフリートリヒ国王との最初の対面は、六日後に予定されており、〔一行は〕すでにブリュン〔ブルノ〕を後にしていた。街道はひどく荒れていて、そのため馬車の車軸が折れてしまった。馬車でしばしば各地を行幸する皇帝にとって、このようなアクシデントはよくあることだった。皇帝は、従者とともにその傾いた馬車をよじ登って車外に出ると、周囲を見回した。その時、街道脇に広がる畑を鋤でならしている農夫の姿が目に入った。皇帝はその農夫に近づくと、鋤をひとつ手に取って引いてみた。馬車が修理されると、皇帝はふたたび車中の人となり、オル

*ドイツとポーランドの国境を流れてバルト海に注ぐオーデル川の支流。

ミューツ〔現チェコ東部モラヴィア中部の都市〕を目指した。

皇帝が実際に鋤を引いたのは、わずかひとつの畝にすぎず、しかも播種の時期をとうに過ぎていた。しかし、この行為は、隷属する存在としての人間の自意識に深く刻印されている。皇帝はみずから、自分の領土に暮らす農民の境遇に思いを馳せ、その貧しい仕事に尊厳を与えたのである。しかし、貴族たちはそのような皇帝を「農民皇帝！」と呼び、嘲笑した。彼らは、この呼び名が皇帝の栄えある称号の中のひとつに数えられるようになることなど、予想もしなかったのである。貴族階級の人々にとって自身の手で鋤を引いたヨーゼフ二世という皇帝の出現は、彼らの独裁的な時代の終焉が近づいているることを予感させるものであった。納税の義務を免れていた上層階級は、このわずか一一年後に彼らの予感が正しかったことを認めざるを得なくなった。農奴制は廃止されたのである。

一七六九年のあの日、畑仕事をしていた農夫は、ヤン・カルトスといった。彼は皇帝が持つ鋤を二頭の馬に引かせ、そのたづなを取っていた。耕されていた畑の所有者は、アンドレアス・トルンカである。彼の名は帝国のいたるところに知れ渡ることとなった。あらゆる村の学校の壁に畝を耕す皇帝の様子を描いた銅版画が掛けられ、トルンカの名が書きこまれていた。

スラヴィコヴィッツの村では、皇帝記念日の行事のひとつとして、記念碑

皇帝はスラヴィコヴィッツの畝をひく。いかにしてヨーゼフ二世皇帝陛下が個人的に鋤を操ったかの紹介

の建立を決定した。

「われらスラヴィコヴィッツの住民は、永遠に語り継がれる証として、ここに記念の碑の定礎式を執り行うこととする」。記念碑は幾多の風雨に耐え、徐々に風化していった。記念碑はそののち四度再建されたが、近代化の嵐が吹き荒れた一九二一年に撤去された。

しかし、鋤はいまも現存している。それはブルノの民族博物館に保存され、目にすることができる。チェコスロバキア社会主義共和国で最古の、完全な姿で保存されている農耕具として。

一七八一年に発布された農奴解放令によって、隷属性の強かった農奴は農民身分を獲得した。ヨーゼフ二世は農民に対する封建的な負担を廃止した。ハプスブルク帝国の領土は、帝国直轄領と貴族荘園からなり、フランス革命が達成した業績と同様に、ハプスブルク帝国内の貴族領地においてもこの法律は適用された。農民は農地を所有し、営業することが可能となったが、貴族階級はこれによって打撃を受けた。

この政策はしかし、ヨーゼフ二世の死とフランス革命のために後の皇帝らによって反故にされてしまう。なぜならば、ヨーゼフ二世の思想と政策がもっていた先見性が、フランス同様の革命をハプスブルク帝国で引き起こす可能性に対しての懸念があったからである。

ヨーゼフのひいた鋤

ヨーゼフ二世は、この農奴解放令によって、ハプスブルク帝国が近代国家として生まれかわることへの橋渡しを試みたのであった。

シュレージエンの垣根

一七六九年八月二十四日

プロイセンのフリートリヒ大王との戦いに敗れた一七四二年以来、最も豊穣な領地であったシュレージエンは、二度とハプスブルクの領土になることはなかった。

マリア・テレジアは終生シュレージエンの喪失を嘆き、そのためフリートリヒとの会談に一度として臨むことはなかった。

しかし、皇帝は彼と会うことを切実に望んでいた。七年戦争から六年後、皇帝のこの思いは実現した。皇帝は二十八歳であり、その倍の年齢のプロイセン君主とナイセで初めてあいまみえることとなった。ナイセはシュレージエン南部に位置し、かつてはオーストリア軍が駐留する町であったが、今ではその国境に接してプロイセンの要塞が築かれていた。皇帝がこの会見に赴いたのは一七六九年の盛夏のことである。メーレンとの国境のむこうには、すでにプロイセンの領土となってしまったシュレージエンの穀倉地帯が広がり、今を盛りと豊かな作物が実りを見せていた。その様子を目にした皇帝はこうつぶやいた。

「プロイセンには庭があるが、わたしは柵をもつのみだ」。

ナイセ要塞での対面　一七六九年八月二十五日

ヨーゼフ二世は、念願であったフリートリヒ二世との会見をプロイセン領シュレージエン南部にあるナイセ要塞で実現させた。二人はお互いに心を探りあった。二人の間には隔たりがあった。収穫というにはほど遠いものであった。この会見で、フリートリヒはヨーゼフ二世の胸中を看破できなかった。彼はただ、次のように想像するばかりだった。

「皇帝がバイエルンやヴェネチア、またはロートリンゲンを狙っているのかは、いまの時点ではまだ確信はできぬ。だが、彼が皇帝となれば、間違い

ヨーゼフ二世、フリートリヒ二世と会う

なくヨーロッパは即刻炎に包まれる事態になるだろう」。

フリードリヒの二つの予想のうち、一つ目は現実のものとなった。

一七七七年十二月にバイエルン選帝侯マクシミリアン三世が死去し、バイエルン＝ヴィッテルスバッハ家は断絶する。その後、同家のプファルツ選帝侯カール四世がバイエルンを継承した。だが、カール四世はバイエルンの統治に関心が薄く、ヨーゼフ二世の割譲要求に対し承諾の意を示した。これを不服とするプロイセンのフリードリヒ大王との間で、バイエルン継承戦争が勃発することになった。

人民との謁見　一七七〇年

一七七〇年に皇帝は、週一回の謁見の日を設けることとした。その際、服装は重要視されなかった。「人物や階級がいかなるものであれ、わたしはすべての者に公平である」ことを明言した。だが、冷静な財務相ツィンツェンドルフには、皇帝の御前にみすぼらしい身なりをした者たちが立錐の余地なく溢れかえって跪いている様子がありありと想像された。

謁見はウィーン王宮の衛兵回廊(Controllorgang)で行われた。この呼び名は、ヨーゼフの治世に王宮を私的に警備する権限を持っていた王宮警備局に由来する。

この衛兵回廊はレオポルト翼*にあり、奥行き一六〇から一七〇歩、幅五歩というものであった。この回廊は、中二階にあり、スイス宮**とアマーリエン翼とを結んでいた。

まもなく一日では不足となり、皇帝は毎日人々に声を掛けなければならなくなった。謁見が何時に行われるかはわからなかった。それにもかかわらず、多くの請願者が「忍耐と信念をもって何時間も」待ち望んでいた。皇帝を目前にしてあがってしまい、どもってしまうことを懸念する者は、文書に請願をしたためた。要求はささやかなものであればその場でただちに処理された。事が立ち入った悩みである場合には、皇帝はその者をみずからの部屋に呼び、立会人なしにその言い分を述べさせた。

上流階級に属する者もこの機会を利用したが、いつも彼らに有利な裁定が下されるとはかぎらなかった。

ある上品な婦人が、大慌てで飛び込んできた。その婦人のドレスは、前か

＊一六六六年完成。居住を目的に、マリア・テレジア時代に大規模に改装された。
＊＊マリア・テレジアの命により、スイス衛兵がここに駐屯し、王宮警備にあたった。

らやって来る人が脅威を感じて身を引くほどに裾が広がっていた。彼女は強烈な印象を与えたが、それは皇帝には何の効果もおよばさなかった。皇帝は即座にその夫人の嘆願を却下した。

「マダム、天に至るには、ただ一筋の、細い道しかありません。あなたのそのドレスでは通ることは不可能でしょう。これが、私からあなたへの最適なアドバイスです。では」。

ある宮廷付き狩猟人が、皇帝にかまをかけようと、自信に満ちた足取りで彼は皇帝の前に進み出て、こう言上した。「皇帝陛下、私は吉報を耳にいたしました。陛下が私を今より楽な職場に配属するようお考えになられたと」。皇帝の返事はすげないものだった。「確かなことは、それが真実でないことである。この件が根も葉もない噂にすぎぬことが、そちにもじきわかるであろう」。

たぐいまれな美貌の婦人が、皇帝の足元にひれ伏し、「御慈悲を」と懇願した。「どうか御慈悲を」と。その婦人の夫はある罪に問われており、夫の無罪のためあらゆる手立てをつくしてはみたものの、すべて徒労に終わっていた。皇帝が最後の頼みの綱だった。

皇帝はその夫人を助け起こすと、こう語りかけた。「あなたはこれまでに会っただれよりも心に残る請願者だと人は思うだろうか。正義を前にして、

ヨーゼフ二世と元帥たちが、「人民のための衛兵回廊」で接見している。白服の人物がラウドン、中央がヨーゼフ二世、その間にラシーがいる。王宮を来訪した人物がこれを描いた

あなたにとってどうすることが愛といえるだろうか。わたしは夫君を無罪とすることはできぬ」。

皇帝を揶揄した嘲笑文が届けられた。それはとても機知に富んでいて、書き手は自分の身元を皇帝に悟らせるつもりだったらしい。その人物は勇気のあることに、謁見の場に姿を現し、苦境と絶望からこのような手紙を書いたのだと奏上した。

皇帝はその者を許した。彼が御前を辞するためきびすを返しかけた時、皇帝は彼を引き止めた。

「そちには才能があるようだ。もはや愚かなことをする必要はない。そちに仕事を授けよう。明朝、出仕するように」。

質素倹約を信条とする皇帝にとって、女性の華美な服装は戒めるべきものであった。その一方で、才あると認められれば役人への道を拓かれた。皇帝にはこのような度量があった。また、新年の数日間を例外として盛装日を廃止した。同時に、宮廷の出費を制限し、六人いた姉妹付きの廷臣や給仕係を解任し、猟官者（出世主義者）を容認しなかった。

イスファハンへの休暇許可　一七七〇年

帝国歩兵連隊所属の近衛兵が、二年間の帰省休暇を申請したが、その願いはすげなく却下された。

この近衛兵はペルシャ人で、ヨーロッパに移住すると、帝国に勤務したのだった。しかし彼は故郷であるイスファハン〔当時ペルシャ、現在イランの首都テヘランの南約三四〇キロメートルにある町〕へ進軍したかった。そこで口実として、〔イスファハンへゆく〕帝国陸軍へ移ろうとした。そこで二年間〔の休暇〕としたのだった。

当初、この近衛兵の希望は、連隊指揮官にまで上達されたが、ただちに拒否された。休暇の目的は逃亡以外に考えられず、故郷を後にして部隊に勤務している兵士たちのうちで、この連隊以外でもそうした事例が後をたたなかったのである。休暇許可証つきの逃走……あたらしいアイディアではあるが、事は首尾よく運ばなかった。

このことを耳にした皇帝は、兵士の請願を一風変わった思いつきだと考え、二年間の休暇許可を与えた。その近衛兵はイスファハンに向けて出発した。

そして自己申請した期限がくると、部隊に戻ったのである。

　これほどの忠誠心を期待していなかった皇帝は、この近衛兵を二重に表彰した。まず下士官に、ついでプレスブルクの衛兵にしたのである。この昇進によって、彼は、皇帝が所有するハンガリーの王冠〔ハプスブルク帝国〕を防衛する任務を与えられたのであった。

議会への苦言——異教徒に対するごとく　一七七二年九月

　マリア・テレジアは、ヨーゼフを早くも幼少時代から帝国議会に臨席させていた。議会体験が目的ではあったが、ヨーゼフは早くも上流階級出身の議員たちにうんざりしてしまった。条件つきではあるがマリア・テレジアの共同統治者となってからは、皇帝は再び議会に姿を見せたものの呆れ返るばかりだった。

　議会のあり方に憤慨し、改革を決心した皇帝は、フィレンツェのレオポルト〔ヨーゼフの弟〕にこう書き送った。「あまたの些事で逐一わたしの意見を

喪服姿のマリア・テレジア

求めるようなことでは、年間の議会運営は滞ってしまうだろう。そのためわたしは、重要事項以外の案件は、二義的なものであると答えている。そのたびに、わたしは、まるで異教徒を相手に話しているような気がしてしまうのだ。彼らが信じる神が、ゼウス〔ギリシャの大神〕なのか、月であるのか、あるいは天井からぶらさがっている飾り紐なのか、尋ねているようなものである。キリスト教徒〔=皇帝〕であれば当然のこと、心のやすらぎは得られぬ」。

ある未亡人の願い 一七七三年

ジーベンビュルゲン〔トランシルヴァニア、現ルーマニア中部北西部の州〕に向かう旅の途中、ヘルマンシュタット〔現ルーマニアのシビウ。ジーベンビュルゲンの南部にあるドイツ人の植民都市〕の北部にメディアシュという名の片田舎がある。そこである未亡人が皇帝の前に跪き、こう懇願した。彼女は高齢で、唯一の身内である息子は軍役についていた。その未亡人は、息子を除隊させようとして、こう嘆願した。

「こんにちは。皇帝陛下。あなた様がごきげんよろしくあらせられることを願っております。女帝様におかれましても、やはりお健やかでいらっしゃいますか」。

皇帝は、その場で願いを聞き入れると、手を差し伸べて、彼女が立ち上がるのを助けた。そして路銀として金を与えると、従者のもとに戻った。

「これまでの旅の間、あの誠実な婦人を除き誰一人としてわが母上のことを気遣ってくれる者はいなかった。あの者がわたしに寄せている信頼を裏切ることはできぬ」。

アウガルテンでの執政

一七七五年五月一日

皇帝がウィーンのプラーターを市民に公開した九年後、さらに、隣接する第二の帝国狩猟地であったドナウ川沿いに広がるアウガルテン*が開放された。そこはプラーターのような自然に恵まれた緑の野ではなく、祖父であるカール六世が造園させたフランス式庭園だったが、野生動物の姿もみられた。一

＊ウィーンのアウガルテンはドナウ河沿いにある沼地であった。ここは従来皇室の狩猟場であったが、ダムが設けられて公衆に開放された。

七七〇年に皇帝はそこで鹿を射止めていた。
それにもかかわらず、皇帝は廷臣イージドール・カネヴァーレに命じ、すぐに庭園を囲む古い壁を壊して、大きな入り口を作らせた。それは、正面入り口らしからぬ、当時の流行である凱旋門風の建築様式で建てられた。中央入り口の上部のアーチ型の部分に、皇帝は次のような銘を刻印させた。

民の保護者によりすべての人々に捧げられた憩いの場

しかし貴族たちにとっては無意味なことだった。いまだにスペイン式エチケットの信奉者である上流紳士は、皇帝に向かって、今では同じ身分同士で共有できる場がなくなってしまった、と嘆いた。

すると皇帝は笑みを浮かべて、その紳士の肩を叩きながら、こう言った。

「嘆かずにわたしを見習ってごらんなさい。身内と同宿しようというなら、わたしはカプツィーナー教会の地下墓*に下って行って、この世にはもはや戻って来れぬにちがいない」。

アウガルテンは皇帝の大のお気に入りであり、一七八〇年にカネヴァーレにみずからの名を冠した庵を造らせた。旅に出るまでもなく、皇帝は、むしろアウガルテンに座すほうを好んで国政を執ったのである。

ウィーンのアウガルテン

＊ここにはハプスブルク家の墓が置かれている。

国民のための劇場

一七七六年三月十六日

皇帝は、ブルク劇場を国立劇場として改組すると、これまでウィーンの街を楽しませてきたフランス人とイタリア人の歌手やダンサーを一掃した。フランス公使は自国出身の芸術家たちを積極的に支援してきたが、もはや劇場を訪れる楽しみを断念しなければならなくなった。

皇帝は言った。「パリのオーストリア公使を手本になさい。派遣された先の国の言葉を話すことです。ドイツ語を学ばれよ」。

皇帝はまず演劇を通じてドイツ民族の文化振興を試みた。

古いブルク劇場の前でパレードが行われた。これはウィーンのミカエル広場にある。共同統治者ヨーゼフ二世がこれを一七七六年に宮廷国立劇場として格上げした。

オーストリア演劇の演出　一七七六年三月二十三日

国立劇場が誕生したことは、フランス人とイタリア人には衝撃的な出来事であり、とりわけハンスヴルストの感情を逆なでするものだった。

彼の低俗な即興劇は民族劇を侮蔑的な存在におとしめていた。皇帝はこの状況を改善しようと、上級宮内長ケーヴェンフュラー侯爵ヨーハン・ヨーゼフに自筆の文を届けた。

「ブルク劇場を宮廷ドイツ国立劇場と改める」。すでに二月十七日にドイツ俳優協会に所属する俳優たちは契約を変更していた。彼らは国家公務員の身分を保証されたのである。

劇場総監督たる皇帝には、時宜にかなった作品を上演したいとの希望があった。

「国民を観衆とし、土地に根ざした、現代を表現する作品」であり、なおかつ、「初のドイツ宮廷の首都であり、高貴な貴族の居住地」にふさわしい作品を、である。

慣習と礼儀が軽視されることは許されなかった。ウィーンで初演を飾ったクリンガーの『双子』は、一七七七年には、劇場規則の第四条に違反するとして上演禁止となった。皇帝は、直接的ではないにせよ演出も試みてはみたものの、「遺体の埋葬、教会墓地、地下墓所などの悲哀感が漂うようなシーン以外の演出は、まったく頭に浮かばなかった」らしい。しかし、シェークスピアの悲恋劇を観ていた観客は、安堵の吐息を漏らした。その『ロミオとジュリエット』のラスト・シーンはハッピー・エンドで終わるように脚色されていたのだ。

皇帝はドイツ語劇を推奨した。その結果、それまでウィーンの劇場で主流演目であったフランス語劇やイタリア語劇は、主役の座を失った。ヨーゼフ二世は演出にも一家言あり、品位を保った演目でなければならなかった。観客の爆笑を呼ぶような内容や男女の情死などをテーマにした劇は、皇帝の見識からすれば問題外だった。シェークスピアの『ロミオとジュリエット』も若い主人公たちが相手の死を真実であると誤解した結果の悲劇である。原作のままの上演は、皇帝の規範に抵触したのである。

プラハでの栄誉礼

一七七六年九月十五日

シュベリーン伯爵は、プロイセン軍にあってもっとも勇敢な軍人のひとりとして名を馳せていた。一七四一年にはすでに援軍なしにモルヴィッツ〔当時のドイツ・ブレスラウ南西の都市〕で勝利をあげていた。一七五七年五月に、プラハの手前で四発の散弾砲が彼を攻撃した。*「プラハでの戦闘は、今世紀最大の激戦のひとつであり、多くのプロイセン軍兵士を失った」と、歴戦の将フリートリヒ大王は述懐した。戦闘が始まって一〇時間後の戦死者は、オーストリア軍兵士一二、九一二名、将校四二一名で、プロイセン軍兵士一二、一六九名、将校三四〇名にのぼった。「〔将軍〕シュベリーン伯の戦死は、一万の兵士の死にも匹敵しよう」と、プロイセン国王はその喪失を嘆いた。シュベリーン伯は重傷を負い、近衛兵たちによって大木の陰に運ばれたが、息を引き取った。

十九世紀後期のある年の秋、帝国陸軍部隊は演習中にこの木の近くを通りかかった。部隊を指揮していた皇帝は、ただちに停止するよう部隊に命じた。二万四千人からなる隊列は正方形の陣形を組んだ。皇帝と将軍は軍帽をとっ

*この戦いでは数多くの会戦があり、一七四一年四月一〇日にはオーストリアが勝利し、一七五七年はプロイセンが勝利した。

た。兵士たちはひざまずくと、プラハ近郊に広がるかつての戦場に向けて、いっせいに三発、銃を撃った。プロイセン軍の武将を称え、敬意を表したのである。

シュトラースブルク見物　一七七七年四月十一日

領土内をくまなく訪れる皇帝は、「郵便馬車の皇帝」と呼ばれたが、各土地で催される歓迎式典によって行程を妨げられることを嫌った。そのためファルケンシュタイン伯爵を名乗って各地を巡った。この別名で皇帝は人目を避けて旅籠で休憩することができた。しかし、ヴォーグ侯爵の目は欺けなかった。

如才のない侯爵は、ファルケンシュタイン伯爵にこのシュトラースブルクの見所を教えなくてはならないという、天命に近い気持ちを抱いていたのである。皇帝は、出発を前に侯爵に感謝を述べると、彼はこう答えた。

「みずから望んで、させて頂いたことです」。

飢え死にしそうなベーメンの農民を救うヨーゼフ二世

ヨーゼフは言った。「ただの伯爵にすぎぬ私には、身に余るほどの好意を示して頂いたと思うが。ここを通るすべての旅人に、このようなもてなしをするというのなら、大層手間なことであろう」。

「伯爵様、申し上げますが、伯爵といえどもそれぞれに確とした違いが存在するのでございます。他の伯爵たちにわたしたちがどうやって自分の意思をとおしたか、まあ考えてみることといたしましょう」。

ベルサイユの近衛長　一七七七年四月十九日頃

その端正な庭園をフランス国王がただ一人で散策を楽しむなどということは、ベルサイユ宮廷の礼儀に反することであった。前を歩く近衛隊長のあとにしたがって、ルイ十六世が一二人の近衛兵に護衛されながら続いた。こんな規則は皇帝の気に入らなかったし、シェーンブルンやルクセンブルクでも、このように随伴されることを経験したことがなかった。しかしここパリでは、互いに義兄弟の関係にある皇帝と国王が、二人で庭園の散歩に出かけること

ルイ十六世（一七五四―一七九三）

は認められなかった。衛兵に対して命令が出されていたのである。

「この提案をお受けになってはいかがか。愛する弟殿、よろしければ私が近衛長を務めましょう。従者の存在は忘れましょう」。

こうして、近衛兵の護衛から解放されて、皇帝と二人で連れ立って歩くルイ十六世の姿が、はじめてパリでみられたのである。

弟王との謁見　一七七七年四月二十日頃

パリの儀礼管理にとって、皇帝が国王の護衛を務めたことはなんら意味を持たなかった。ある日の午前のこと、皇帝は、ベルサイユ宮殿の国王の部屋に隣接する控えの間で、やはり国王との謁見を待っている宮廷内の人たちと会話していた。豪華な装いに身をつつんだ宮廷騎士があらわれ、国王との謁見を待つ皇帝に対して、その騎士は片足を後ろに引きながら身をかがめて礼をした。部屋に向かう一歩を踏み出した皇帝は、控えの間に残る人々に向かってこう言った。

マリー・アントワネット、兄ヨーゼフを「ファルケンシュタイン伯」として夫・ルイ十六世に紹介

「わたしをうらやまないで下さい。人に気に入られるすべを心得ているのです」。

居並ぶ謁見者を尻目に、ヨーゼフ二世はルイ十六世との謁見の機会を得た。義弟という間柄を思えば、これは当然のなりゆきである。

聾唖者たちの声　一七七七年五月七日

皇帝は、その身分に対して贈られる貢物はけっして受け取らない、という姿勢を自身の信条としていた。ただし、唯一例外があった。それは高名なドゥ・レペ師への尊敬の念から生じた。ドゥ・レペ師は、八年前にパリに設立された聾唖学校の創立者かつ校長であり、最初の教師でもあった人物である。皇帝は彼のもとを何度も繰り返し訪れ、非常に高く評価していた。「この者に潜んでいる本質と努力する性質とは、比類ない芸術である。彼は文法をすべて作り上げ、言葉を話せぬ者たちが目の前に提示された語を書いてい

ドゥ・レペ師（一七一二—一七八九）

る。これは驚嘆すべき業績であり、彼の情熱はどんなに賞賛されてもそれで十分といえはしない」。学校を辞するときに、師は従者のもとに歩み寄り、皇帝に自らが作成した「聾唖者のための手引き」を献上した。

その時、彼は皇帝の従者に小さな小箱を手渡した。それはファルケン伯爵（皇帝のこと）にあてられ、ウィーンに到着した時に開けるようにと、言づけられた。

待つことの苦手な皇帝は、その小箱を手に取ると封印を切った。するとそこにはこう記されていた。

「私たちはウィーンにいます」。

その中にはまったく同じ手引き書があったが、その本には金で描かれた皇帝紋章が付されていた。

皇帝は一瞬ためらった後、これを受け取った。かりにこの場においても信条に従えば、この栄誉に値する教師の気持ちを傷つけてしまうだろう。皇帝は常日頃から行っている慣習どおり、師に肖像画つきの金の小箱を下賜した。その中には、生徒たちに分け与えられるようにと金貨五〇ルイ*がそえられていた。それは彼らが今まで持ったことがないほどの高額金貨だった。翌日、皇帝はさらに金貨五〇〇ルイを学校機関のために役立てるようにと、師に送った。これが別れにさいしての皇帝の流儀であった。師はみずから御前に

ルイ金貨

＊フランスでは一六四〇年にルイ十三世が貨幣改革を実施した。ルイ金貨はブルボン王朝期の通貨で、ルイ金貨一枚が五リーブルに相当する。一七〇一年当時では直径二五・二ミリ、重量六・四グラムであった。

立つと、皇帝に随伴するむねを申し出た。皇帝はこれを拒否した。

「そなたの時間は貴重なものだ。くだらない儀式ごときに時間を浪費する必要はない」。

皇帝はその時、彼の唯一の願いを表明した。師は喜んでその願いを聞き入れた。それは、師のもとで二人のオーストリア人教師を育成する、というものだった。

皇帝がパリを訪問して二年後、ウィーンにも、パリと同様の聾唖学校が設立された。

シュピッテルベルクで放り出され　一七七八年

ウィーンのシュピッテルベルクは、ヨーゼフ二世とその後の時代にはもっとも猥雑な地域であった。ブルク門を抜けてしまうと住む人もなく、市内と郊外にはさまれた地域はゆるやかな傾斜が広がり軍隊の教練場となっていた。小路は馬車が通行もままならないほど狭かった。

ここシュピッテルベルクでは、人は馬車には乗らず歩く。自宅から居酒屋へ。てはじめにビールとワイン、そして女。そこにはたんすのように頑強な用心棒もいた。

さて、皇帝はといえばほとんど水しか飲まなかった。毎日一・五リットルの水を飲み、トルコ戦争中に体調を崩してからは、医者の勧めに従ってグラス一杯のトカイ・ワイン〔ハンガリーの銘酒〕も加わった。

ある晩、皇帝が王宮を抜け出して町をぶらついてみようという気分になったのもささやかな一杯を求めてのことではなかっただろう。

熟練の印刷屋〔皇帝〕が、その名もグーテンベルクと呼ばれる小路を歩いていった先には一軒の家があった。皇帝が中に入っていったことは事実のようで、この後さまざまな噂が飛びかった。皇帝はただその家を見てみたかっただけなのだ、と好意的に語る者もいれば、別の者はしみったれの皇帝には値段が高すぎたのだとからかった。

ここでまた確かなのは、皇帝がこの店の意味をよく理解していなかったということである。皇帝は、襟首とひざ裏をつかまれて、さっさと家の外に追い出されたのだった。*

シュピッテルベルクの住人にとっては歴史的事件であり、口から口へと伝えられただけではなかった。皇帝が放り出されたという歴史のひとこまは、

ヨーゼフがシュピッテルベルクで放り出されたことにちなんで。今でも、グテンベルガー・ガッセ一三番地の門の上に書かれてある。これは風化からまもるために、最近、家の中の廊下に移された。ウィーン・シュピッテルベルク地域にある

入り口の、いや、出口扉の近くの石に刻まれ、その後長く人々の記憶に残ることとなった。

この扉ごしにヨーゼフ皇帝は
弧を描いて飛んでいった

*ここはいかがわしい店であり、ワインが高値で請求された。皇帝はその値段で支払わなかったのであろう。

プリマドンナの常備薬は 一七八〇年十月二十日

ソプラノ歌手アロイジャ・ランゲ・ウェーバーの成功は絶頂にあった。彼女がまだウェーバー嬢と呼ばれマンハイムにいた頃に、彼女は、若きモーツァルトから熱烈な崇拝を受けていたのである。* ウィーンにやって来た彼女はブルク劇場の俳優ヨーゼフ・ランゲと結婚するが、夫は誠実とはいえず、ここ数年は、陸軍元帥アンドレアス・ハーディックの寵愛を受ける身となっていた。このことは、劇場支配人兼上院議員であるオルシーニ・ローゼンベルクの知るところとなった。花形女優を気取るアロイジャの鼻持ちならない態度

*モーツァルトは、かつてドイツでこのウェーバー嬢に恋をして結婚を考えた。だが、彼女にとっては、モーツァルトは身分違いの相手であり、彼の才能を利用しただけで恋愛の対象とは考えていなかった。失恋した モーツァルトは、後にウィーンで彼女の妹と結婚する。

に業を煮やしたローゼンベルクは、皇帝に直訴した。

それに対する皇帝の意見は、このようなものであった。

「マダム・ランゲに関しては家庭の常備薬を用いることとしよう。すなわち、そなたからマダム・ウェーバーと浮かれ騒いでいるその取り巻きたちにこうほのめかしてやりなさい。東方の国の演劇界にじつにうってつけの歌手がいて、彼女の後任に、第二のベルナスコーリを獲得できるかもしれない、と。そうすれば、彼女は正しい道に戻ってくるだろう」。

ヴォルフガング・アマデウス・モーツァルト（一七五六―一七九一）

III　単独統治時代

一七八〇―一七八八年

勅令への署名

一七八〇年十二月十七日

マリア・テレジアがこの世を去って以降、ヨーゼフは皇帝の立場にくわえて、政治実務にも忙殺されるようになった。少なくともそれは帝国の最高決定権に関する事柄である。

神聖ローマ帝国皇帝の座についてから一六年以上がたち、ドイツ皇帝としての在位は一五年を超そうとしていたが、ヨゼフス・ゼクンドゥス〔ヨーゼフ二世〕が、政務に取り組める時間は少なかった。一七八〇年十二月十七日に公布された勅令〔教会を証人とする高額遺産の贈与を承認〕の中で、皇帝が、「皇帝何某」と記されていたことは、あまり知られていない。

いつも起草を承認したのは、副総督のヘルベルシュタイン伯爵ヨーゼフと宰相のトマス・イグナツ・フライヘア・ペックである。

前例というものはなかった。この勅令にはまた、権限と営業権、いわゆる独立権の申請を期限内に行うべしとの規則が盛り込まれており、皇帝名はここでも「何某」として記入された。そしてこの勅令が交付されたのは、マリア・テレジアの死の約二カ月後のことだった。それは「一七八一年一月二十七日に、わが神聖ローマ帝国は一七年を迎え、王位継承の年に、首都であり居城地であるウィーンにて公布」された。

次に公布された勅令でようやく、皇帝は、「ヨーゼフ二世*」と署名することがかなった。

皇帝の名をドイツ語に訳した者たちは、将来を見通す能力に欠けていた。オーストリア帝国皇帝の歴史にヨーゼフ三世は現れず、「何某」と署名された皇帝が最後のヨーゼフ皇帝となったのである。

*ハプスブルク家の歴史では、ヨーゼフの名をもつ人物はヨーゼフ一世（一六七八—一七一一。在位一七〇五—一七一一）とヨーゼフ二世の二人だけである。

女性天下の終焉　一七八〇年十二月

皇帝には全部で一一人の姉妹があり、マリア・テレジアの崩御の後、そのうちの三人がまだウィーンに残っていた。娘はみな、母の名である「マリア」を譲り受けていた。姉妹のうちの二人、エリザベートは一七四〇年に三歳で、カロリーネは一七四一年一月に一歳で、ヨーゼフの誕生以前に亡くなっていた。その後に続く三人、カロリーネ〔二人目〕は死産、ヨハンナは一七六二

左から、マリアンネ、ヨーゼフ、マリー・クリスティーネ、エリザベート

年に十三歳で、ヨーゼファは一七六七年に十六歳でこの世を去った。

その他の三人の姉妹たちは、それぞれ領主に嫁いだ。アマリアはパルマに、カロリーネ〔三人目〕はナポリ＝シチリアに嫁ぎマリア・テレジア〔と同様に、実権をふるう立場〕となり、フランスにはアントニア〔マリー・アントワネット〕が嫁した。

それ以外にまだ三人の姉妹がおり、彼女らは皇帝の手におえぬ存在だった。クリスティーネは、夫アルベルティーナ——ザクセン＝テッシェンのアルベルト——とともに、オーストリア領ネーデルラント〔現ベルギー〕の総督*夫妻の立場にあった。この結婚は、ヨーゼフの計画と相容れないものだったが、彼はマリア・テレジアとの約束を守った。

このほかに、四十二歳のマリアンネ、三十七歳のエリザベート〔二人目〕がいた。彼女たちはマリア・テレジアの在位中には、脇から口を挟むのが好きで、よく陰謀をめぐらした。皇帝はこのことを覚えており、この未婚の姉妹を追放しようとした。マリアンネはクラーゲンフルトの、エリザベートはインスブルックの大修道院長としてウィーンを離れることになったのである。

姉妹たちがその地に到着する前に、ケルンテン〔オーストリア南部の州〕とティロル〔オーストリア西部からイタリア北部にわたる地方〕の所管長あてに、皇帝からの指示が届けられた。

＊ネーデルラントでの最高権力者で、皇帝の名代。

母、マリア・テレジアの死の前

「大公女たちは、あらゆることへの干渉、反抗、忠告をいっさいおこなわぬこと。もし、そのような態度が見られたなら、即座に命が下されよう」。

宮殿、貸します　一七八〇年十二月

皇帝はシェーンブルン宮殿と王宮を閉鎖し、ヘッツェンドルフの宮殿を競売にかけた。ヨーゼフは緊縮財政につとめたのである。

母の死後しばらくは、シェーンブルン宮殿前に立つヘッツェンドルフ宮殿はそのまま維持された。〔皇帝は〕豪華な宮殿を嫌い、めったに使用することはなかった。たとえば外国からの訪問客を迎えたさいに使用するくらいで、彼らに足労をかけさせたくない時や、年に一度だけ冬に開催される「春の祭典」に集まって来るウィーンの貴族たちには宮殿が開放されたが、その場合の利用もオランジェリー*に限定されていた。

ヘッツェンドルフ宮殿は、祖父亡き後の祖母の居城であった。皇帝はその宮殿を内部の家具や調度品をも合わせて一切合財を競売にかけたものの、買

*十七—十八世紀、宮殿にはオレンジなどの南国産植物の越冬用温室が設けられた。オランジェリーはその通称である。

い手は見つからなかった。

王宮もまた、孤独な人間にとっては広すぎた。王宮内にあるいくつもの回廊が板で封鎖され、衛兵が削減された。

こうした状況に、ジョークの才能に恵まれたある者が、思わずシュバイツァー門にかかる紋章に次のような落書きをした。

「貸家あります。詳細は家主まで」。

貴族と税金

一七八一年一月十八日

軍の糧食部上官であるアントン・リーベは、貴族の爵位への叙任を願っていた。彼は税金免除を目論んでいた。

皇帝はそれに対してこう答えた。

「貴族の数をできるかぎり削減するため、有効な方策が求められているのだ。貴族の特権である税金免除を取りやめることが、貴族の贅沢とその増大を防ぐ唯一の手段であろう。貴族には今後、納税の義務が課されるであろう」。

王室拠出金の廃止

一七八一年一月

マリア・テレジアの死後、皇帝はただちに「王室拠出金」を廃止した。この「王室拠出金」とは、女帝自身の手元金であり、女帝の治世には長年にわたって軍に貢献した指揮官や上級官吏、未亡人たちへの、恩賜金、年金の増額分として手渡されていた。恩賜金を下賜された者のうちには、それに値する者もいたが、大半はそうではなかった。皇帝は、この請願者らが母である女帝の経済的困窮の原因となったことを、女帝の在位期間中をつうじて何度も目の当たりにしていた。

にもかかわらず、ある婦人が恩賜金を願い出ようとして、謁見が行われる衛兵回廊で皇帝に嘆願書を手渡した。皇帝は、それにすばやく目を走らせると、その婦人に返した。

「マダム、残念ですが、今回私はあなたをお助けすることができません。ご存知でしょうが、王室拠出金は廃止したのです」。

「皇帝陛下、一、〇〇〇ターラー*を損失してしまった状況で、私は窮地に陥っているのです。夫が亡くなってからというもの、私は馬車と数人の奉公人を

＊当時の各領邦国では価値が異なるグルデン、グロッシェン、ペニヒが通貨として流通していた。そのため各領邦間での基準となる通貨が必要となり、ターラー銀貨が導入された。帝国ターラーは二三三・八五六グラムの銀を含んでいたとされる。

手放し、その不足分をまかなうだけの金額がありましたが、いまや年額五〇〇グルデンの年金しか手元に残されたものがありません。陛下、お考えになってみてください。私と成人した娘とがこの金額で生きていけるものかどうか。厳格な正義が私を代弁してくれるでしょう」。

「マダム、それはもっともです。あなたは私が下したあらゆる命令を体現されているのです。そのために、おっしゃるように一、〇〇〇ターラーを失った。わたしが存命している限り、それを手にすることは絶対ないでしょう」。

「陛下、おっしゃることはわたしにとって極めて心外です。夫の献身や私の身分は……」

「夫君の貢献に対する報酬を、私はその存命中に支払っている。それは毎年の利子をあなたにもたらしているではないか。あなたの身分？　私はすべての身分に配慮せねばならぬ。私はウィーンだけの皇帝ではないし、あなたと同様の身分の臣下ばかりをしたがえているのではない。わたしは、下層の者たちを飢え死にさせてまで貴族たちに贅沢三昧の生活を保障しなければならないのか。わたしは、その損失があなたを苦しめ、快適な生活を制限しなければならないことは認めよう。わたしはその没収額を五分割し、多くの者に配慮しなければならない。それゆえに、残念だが私はあなたの請願の妥当性を認めない」。

ターラー銀貨

未亡人はあきらめずに、泣きながら答えた。「でも、財産もなく先の見込みもなしに、娘はどうしたらいいのでしょう」。

「ご令嬢はご自身に残された遺産だけでよしとしなくては。あなたの夫君が勤務した官庁は出費を要求しなかったし、俸給はけっこうな額であった。その時に、将来のことに思いを馳せていたならば、ご令嬢に残す余財があったであろうに。あなたはそうはしなかった。それはあなた自身の過失であり、私の過失ではない」。

「では、私は失意のまま皇帝陛下の御前を辞さなければならないのでしょうか」。

「わたしがあなたに助言できるのはこれだけだ。それで満足できないというならば、ご令嬢に働いていただくのです」。

「働いてお金を得ろ、とおっしゃったのですか」と、その婦人は驚嘆して叫んだ。

「なぜそれがいけないのだ」と、皇帝は逆に尋ねた。「皇帝として私は、あなたやあまたの煩雑な些事のために働いている。このことはまったくもって私には名誉であるのだ」。

ここまで話すと、皇帝の忍耐心は限界であった。

「とにかく、あなたは思うように行動なさい。今のところ私には、これまで話したこと以外にはあなたを手助けすることはできない。さらば」。

貴族は無論のこと、ブルジョアでさえ、当時は「令嬢が稼ぐ」ということは考えられなかった。

頭にあいた穴　一七八一年一月

皇帝が唯一の財務管理者となってからは、女帝の「お手元金袋」からクロイツァー金貨の音が聞かれることはなかった。すべての恩賜金は取り止めになった。それはある老齢の厩舎長にも影響した。彼に対しても財布の紐はきつく締められ、それによって彼の予定はすっかり狂ってしまった。彼は大家族を抱え、扶養の義務を負っていたのである。彼は皇帝の前に進み出た。手綱があまりにもきつく締められていると思い、それを緩めるよう求めた。

「あなたは今の恩給で満足しなさい。周知のように、恩賜金の袋には穴が開いてしまったのだ」。

すると、その厩舎長は、かぶっていたかつらを脱ぐと言った。「年取った私の髪もずいぶん抜けてしまい、所々に穴が開いたようになってしまいました。皇帝陛下、務めを果たしてきた間に、です」。皇帝は、この厩舎長に恩賜金を与えることを認めた。今回の恩給の増額は、財政改革の後退にあたるものではないだろう。

動物の紋章

一七八一年六月四日

第一次ポーランド分割*は、ウィーンの紋章解説者たちの頭を悩ませることとなった。彼らは紋章の知識を古文書から得ていたが、この度の社会情勢の変化に対応するには不十分で、新たな本が必要とされた。決定を下せるのは唯一皇帝だけ。彼らはそう考えた。そこで、ガリツィアの騎士階級の紋章についての「訂正」を皇帝に奏上することにした。彼らはいたくこの件に頭を痛めていたのである。

しかし皇帝はこの件に関して憂慮する様子をまったく見せなかった。

*ロシアとハプスブルク、プロイセンの三国がポーランド王国を分割し領土とした。この結果、ハプスブルクはガリツィアを獲得した。

「紋章が何を示しているのかを知っている者はまずいないのだから、他の場合と同様に精査される。正しい紋章学の本が利用されるなら、怪獣であれ、角であれ、描かれようと刻まれようと、かまわぬ。使用したいのであれば、塔だろうと獣だろうと、それらの紋章を用いることを許可する」。

皇帝は動物の紋章を使用するにあたって、どのような絵柄を採用しようとかまわないと決定した。

ハプスブルク家紋章

園丁の娘との逢引　一七八一年

フランス宮廷は、外交上の利益とするべく他国の支配者に特別な関心を寄せており、当然のことながら、皇帝の身辺の情報も入手しようとしていた。ウィーン駐在のフランス大使デュランは、フランス宮廷からこの使命を負っていた。

彼は常に片手に時計を握っていた。デュランは、フランス宮廷に対し、皇帝のアウガルテンでの休息には、政治的思惑は認められないと報告した。

「皇帝は、園丁の娘と三〇分間を共に過ごすことを日課としておりますが、会っている時間の短さからわかりますように、お求めになるほどの利益はありません」。

愛人か女性君主か

皇帝の相談役のひとりが、へつらいながらこう言った。

「他の宮廷で、陛下が、若くて美しい婦人を直ちに謁見したら、疑いなく、『公のメトレセ*』という幸運を受けたとなるでしょうね」。

話の途中で、皇帝はこう尋ねた。「あなたはフランス語を話せないのか」。

「皇帝陛下、私はフランス語を上手に話せます」。

皇帝は反論した。

「そうは思えぬが。さすれば、メトレセという言葉の意味を知らねばならぬ。すぐれた相談役たる官吏なら、絶対的な権力を持つ女性君主がそのようなこ

＊メトレセには、愛人と女性君主の意味がある。

とに耐えられぬことがわかるだろうに＊」。

そう話すと、皇帝は部屋を去ったが、ドアまで歩んだところで振り向いて、女官に「国の大事に関心を振り向けるべきなのだ」と言い、それゆえこの相談役は即刻故郷に返されることになると伝えるよう命じた。

＊ヨーゼフは愛人、相談役は女性君主、という意味で使ったのだ。皇帝が謁見した婦人は女帝級の人だと、ヨーゼフは前提している。

オステンデでのスパイ活動　一七八一年六月十二日

皇帝が単独執政に就いて初めての外遊先は、オーストリア領ネーデルラントであった。その目的は、政治以外にもあった。オーストリアでの新産業の開拓にあたって、他の領土での状勢を知りたかったのである。そのために最適と思われるのが、たとえばネーデルラントにおける商品の搬出地である港湾都市オステンデである。そこで皇帝はプロイセン産の綿を発見した。その綿は梱包されしだいウィーンの上級相のもとに送られるものだった。そこには見積書が同封されていた。しまり屋の皇帝がこれを計算してみたところ、その金額は「およそ」一グルデンと五〇クロイツァー＊ではなく、一グルデン

＊十九世紀後半まで、オーストリア

と四九クロイツァーになった。
皇帝は、産業スパイさながらの手紙を書き記した。

「加工される綿生地は、キティといわれ、ポツダムに最近建てられた工場で生産されている。その生地一枚の生産には、二九ロット〔約一四五〇グラム〕の綿が必要だ。ここで知りえた情報とおおよその見当によれば、同様の生地をわが国の工場で製造するには、約一フロリン〔グルデンの古称〕四九クロイツァーのコストで、かなり高い品質のものが製造できるだろう。ひょっとすれば新規の製造業の導入も見込まれる」。

やスイスなどのヨーロッパ各地域で使用された低額硬貨。おもに銅が使用された。

ブリュージュの覗き穴　一七八一年九月九日

オーストリア領ネーデルラントにあるブリュージュは、堅牢な都市であった。そこでは皇帝であろうとファルケンシュタイン伯爵であろうと招かれざる客であり、家へ迎え入れるにもまずは覗き穴からみて判断された。皇帝は、この地で経験したことを早速ロシアのエカテリーナ二世に伝えようとした。

その手紙は皇帝の性癖を反映して、皮肉と自嘲に満ちた独特の書体で書かれていた。

　皇帝が命名したブリュージュで「ここは百万都市であり、とりわけ路上の清潔さと住民の礼節さは有名です。動物が市内に侵入するようなことはなく、家門はその所有者の結婚式と葬儀の当日だけ開放されます。日中は、市内の路上で生き物の姿を目にすることがありません。家の内部を見学させてもらおうと、われわれは多くの家の呼び鈴を鳴らし、扉をたたかねばなりませんでした。こうした行為を数知れず繰り返した後に、ようやく覗き穴のむこうにパイプをくわえナイトキャップを被った頭が現れたものの、その男はわれわれをじろじろ眺めると、無言で覗き穴を再び閉めてしまいました……。その後も数軒の家を訪ねてみたが、いずれも同じような無礼な応対に会うばかりでした。私が歩き始めたとき、従者がいい考えを思いつき、扉の前に立っているのはファルケン伯爵であると伝えたのです。ある家の主人は従者に向かってこう言いました。自分がわたしを確認できるようにここに呼ぶようにと。従者はそれには応じず扉を開けるよう言ったのですが、主人はそれを拒否して、まずわたしを見ることが第一であり、気に入らない場合には家には入れない、そして従者については、気に入らないので、その立ち入りは断固拒否する、と主張したのです。

エカテリーナ二世（一七二九―一七九六）

その時私は運の悪いことに、かなり先まで歩いて来ていました。私の従者はひどく立腹し、家の主人をそのままにしてしまいました。ことのいきさつが私の耳に入ったのはブリュージュを発つ直前のことでした。そのために今回、私はまたとない社交の機会を逸してしまったのです……」。

ギリシャ人の家訓　一七八一年十月十三日

ナトルプは、ギリシャからウィーンにやって来た小商人だった。彼が取り扱う商品は、彼自身は納得いくものではなかったが、ウィーンの人々が満足していることを感じ始めていた。だが、ナトルプへのウィーンっ子たちの評価は、一段低いものであった。なぜならば、彼がカトリックではなく、ギリシャ正教*を信仰としていたからである。

思いもよらないことがある日ナトルプの身に起こった。これまでキリスト教によって秩序づけられていたウィーンの社会に承認されたのだ。皇帝が宗教寛容令を宣言し、その結果、ナトルプは市民権を獲得したのである。

*東方教会ともいわれる。東ローマ帝国時代のキリスト教で、ロシア、東欧、バルカン地方に拡がる。西ヨーロッパのカトリックとプロテスタントに並ぶ第三の宗派である。

ローマ・カトリック教会を信仰しないギリシャ人たちや、ギリシャ正教会信徒らと同じように、ルター派、カルヴァン派の信徒たちもまた、この当時には裏通りに設けられた教会口を通り、神のもとに通ったのである。それらの教会の入り口が大通りに面することは禁じられており、カトリック教徒以外の者が大通りを通行することは許されなかった。こうした区別は当然であり、ナトルプの例をひくまでもなく、信仰における信徒の敬虔さという性質が問題視されることはなかった。ナトルプはキリスト教徒であり、この点ではローマ・カトリック教徒となんら違いはない。一七八一年十月十三日以降には、彼の商売が上向きに転じ、ナトルプはそれを帳簿上で確認することができた。これを契機にして、ささやかな商人だったナトルプは大商人へと転身した。財産も増えていった。その結果、ナトルプは家を建てようと考えた。郊外にではなく、ウィーンの中心部の上品な地域の一角フライシュ・マルクト六九五番地に、窓が横に一一枚も並ぶ七階建ての豪壮な家を構えた。

この成功が自身の商才の賜物であることをナトルプは自認していたが、他にもう一人、彼の成功を背後で手助けした人間がいた。このギリシャ人はその人物を以下にみられるように公に称えた。

それは、金メッキされた大型の字体で刻み込まれた詩文として後世に残されることとなった。ナトルプは、四階の高さの外壁面の横一列に、窓七つ分

ギリシャ人ナトルプの家の壁に、1793年に書かれた感謝の言葉。この建物はウィーンのフライシュ・マルクトに、「寛容の家」として現存している

の幅にわたってその文句を刻んだ。そしてその中央には、円型にふちどられた皇帝の肖像が設置されていた。

この家は無常であるが、皇帝の名声は永久に続く。
皇帝はわれわれに寛容を授けられた。
それは、さまたげられない。

家というものは時代とともに、姿を変えてしまうかもしれない。だが、ナトルプが建てたこの家はいまなお現存している。そしてこのギリシャ人の家憲も保存されている。黒地に金メッキの大きな字体が緑色の月桂樹にふちどられて。

唯一変化したのは番地である。歴史家からは「寛容の家」と呼ばれ、ウィーン市民からは馴染みのパン屋の名をとって「エリアス・ハウス」と呼ばれるこの家は、いまではフライシュ・マルクト一八番地に建っている。

一七八一年十月十三日と二十七日に寛容令が公布された。非カトリックつまりルター派、カルヴァン派、ギリシャ人をすべて宗教上の親族としてローマ・カトリックのキリスト教と同等に扱う、という勅令である。寛容

カトリックでない臣民のために、一七八一年に寛容令を布告するヨーゼフ二世。左は、オーストリアの政治家カウニッツ伯

令は、「トレランツ・パテント」といわれるもので、宗教に対する寛容を意味する。

十六世紀以来宗教改革の断行によって、カトリック（旧教）とプロテスタント（新教）とがヨーロッパを二分した。両者は戦争を行ない、カトリックはプロテスタントの殺害を許され、流血の惨事を引き起した。だが、異なる宗教の者を殺してはならぬとしたこの信教における自由への保証が「寛容」といわれたゆえんである。

寛容は、その国が近代化へといいたる条件であった。

歴史上有名なものは、ブルボン家初のフランス国王アンリ四世（アンリ・ド・ブルボン）による「ナントの勅令」である。また、ドイツの文学史上ではG・E・レッシングが劇作品『賢者ナータン』で、寛容の重要性を説いた。

カトリック国ハプスブルクでヨーゼフ二世によって発布されたこの寛容令は、国内のプロテスタントばかりでなくギリシャ正教やユダヤ教も公に認めることとなった。このことは、ヨーロッパで常に弾圧されてきたユダヤ教の発展に大きな役割を果たした。

ファルケンシュタイン伯のコーヒー税　一七八一年十一月十一日

ウィーンっ子たちは、皇帝の治世にはすでに世界一のコーヒー好きを自認していた。ただし、コーヒーによせる思いではファルケンシュタインの領民も人後に落ちなかった。この話はすぐに官庁をも巻き込んで、皇帝の耳にも届くようになっていた。ポッシュ男爵は皇帝に「ファルケンシュタイン領民の過度のコーヒー摂取」を伝えた。

皇帝はお忍びで自領のファルケンシュタインに赴くのが好きだったが、この状況にあたって、ファルケンシュタイン伯が皇帝であることを隠しておけなくなった。すなわち、帝国伯ヨーゼフ・フォン・ファルケンシュタインは、次のように命令を下したのだった。

「コーヒーを飲もうとする者は、年額一ドゥカート*を教会の神父に寄付すること。カトリックかプロテスタントかの区別にかかわらず、教会はその収益で監督を行うべし」。

コーヒーへの課税は、財政再建を執政の主目的とする皇帝にとって苦慮

＊十三世紀中期からヨーロッパに流通したフロリン（＝グルデン）金貨と同等の価値をもった通貨。

の末の政策であったといえる。

クリスマス前の演奏対決

一七八一年十二月二十四日

皇帝は、二十五歳のモーツァルトがどれほどの才能に恵まれていたかをまだ理解していなかった。だが、モーツァルトの才能は勝利を収めることとなる。皇帝は、この若きザルツブルク出身の音楽家の、作曲家としての業績を知らずにいた。しかし、モーツァルトの演奏家としての業績、とりわけ即興的な能力を皇帝は高く評価していた。

そして皇帝は今、モーツァルトの才能を確信するために、ある計画を思いついた。

ひとりのスイス人がウィーンを訪れた。彼の名はムチオ・クレメンティ。モーツァルトより六歳ほど年上で、作曲家兼ピアニストとしてすでに世に知られていた人物である。

両者が互いに自分の技術を披露し合うという、この二人の巨匠の対決は、

ヴォルフガング・アマデウス・モーツァルト（一七五六―一七九一）

ムチオ・クレメンティ（一七五二―一八三二）

クリスマスの前日に王宮で行われることになった。

モーツァルトは、トゥーン伯爵夫人が所有するピアノを所望した。（王宮の）音楽の間に置かれていたピアノではまずかった。そのうち三つの鍵盤が使い物にならなかったのだ。これにクレメンティも気がついた。

人はこのような対決を前にして、さまざまな賛辞を述べるものである。その口火を切ったのは皇帝だった。「聖カトリック教会だ」。ローマ出身のクレメンティに対して皇帝はそう言った。

クレメンティは、もちろんトゥーン伯爵夫人のピアノを選んだ。そして即興的な前奏曲に続き、ソナタを弾いた。

この演奏を聴き、モーツァルトは、クレメンティの右手が表現する技術の確かさを確信した。彼のパッセージは三音程だった。だが、審美性や感情に訴えるものが何もなかった。度胸のいいピアニスト、技術だけの演奏家にすぎない。

モーツァルトの番がきた。モーツァルトは同じくトゥーン伯爵夫人のピアノの前に座った。

「さあ、始めよ！」と、皇帝が声をかけた。

前奏曲が即興的に奏でられると、モーツァルトは変奏曲を弾いた。

演奏対決の第二幕は、パエシエロ作曲のソナタで始まった。このソナタは演奏するピアニストに至難の技術を要求した。モーツァルトはアレグロを弾いて、クレメンティがアンダンテとロンドを演奏した。

第三幕では、あるソナタの主題が二台のピアノによって演奏されることになっていた。はたしてモーツァルトとクレメンティのどちらが、二台あるピアノのうちのどちらを弾くことになるのか。

皇帝がモーツァルトに弾くよう指示したのは、壊れているほうのピアノだった。

「何でもあるまい」と、皇帝は言った。

モーツァルトは、父に宛てた手紙の中で、このときの様子を記している。

「僕は皇帝陛下の指示に従いました。皇帝陛下が、僕の芸術と音楽の知識を理解していて下さり、臨席する人たちにそのことを伝えようとなさったのだ。僕はそのように理解したのです。皇帝陛下は満足され、僕にとても温情ある態度をおとりになりました。このことで僕は自分の手が本当にすぐれているのだとわかりました」。

この演奏対決は、皇帝にはとても印象深いものだったとみえ、一年以上たったのちも、皇帝はこのときのことを話題にしている。それは、ある晩にペルゲン夫人宅で催されたピアノ演奏を愛好する人々の集いの席でのことである。その場にツィンツェンドルフ伯も招待されていた。彼はその当時その作曲家の名前すら知らなかったが、年を追うごとにモーツァルト通になり、当然、熱烈な崇拝者となった。ツィンツェンドルフ伯は、そのコンサートの様子を一七八二年十二月六日の日記にこうつづっていた。

「私は九時ころまでペルゲン夫人宅を去ることができなかった。というのも、皇帝は昨年冬のモーツァルトとクレメンティとの演奏をめぐる音楽談義に夢中になってしまったのだ」。

制服の魔力　一七八二年一月十四日

ヴュルテンベルク大公夫妻は、王女エリザベートを伴いウィーンを訪れていた。その王女は、母親である大公夫人の後について歩くほどまだ幼く、あまり物事がわかっていなかった。だが、皇帝はこの王女を甥フランツの結婚相手とすることに心を決めていた。

この未来の結婚は、あらたな東方政策に対応したものであった。それによりロシアの皇帝はロシア王室と密接な閨閥を築くことができるのであった。

エリザベート・フォン・ヴュルテンベルク（一七六七―一七九〇）

女帝であるエカテリーナ二世は、ドイツを祖国とし、ヴュルテンベルクの親戚筋にあったアンハルト＝ツェルプスト家の出身であった。ここで甥がヴュルテンベルク王女を妻とすれば、外交政策もまた実を結ぶ。皇帝は、盛大な舞台をこれまで一度たりともみずから開催することはなかったが、いまこそそれが必要な時だと理解した。皇帝はこの時、後述するような演出で主役を演じることを決心したのであった。皇帝は、ヴュルテンベルク大公夫妻が、皇帝とその甥であるフランツについて有利な報告をサンクト・ペテルスブルクのロシア女帝のもとに伝えてくれることを期待していた。

皇帝は、みずから好んで着用する赤と白で配色された神聖ローマ帝国皇帝の正装衣と、これもまた劣らず好んだ緑と赤の――緑は皇帝の容姿にもっとも映える色であった――軽騎兵服とを共に衣装部屋に押し込んで、その代わりに陸軍元帥の制服を取り出させた。それは胸の部分に星の形にダイヤモンドが縫い付けられ、右肩から掛けられた帯には両国の勲章が輝き、黄金の毛皮が豪華さを添えた。さらに足元には、ダイヤモンドで飾られたブーツがあった。このないでたちに身を包んだ皇帝には見る者を圧倒する存在感があった。

このような自分の姿を皇帝自身がどう感じていたかは、この後、ザルムール伯爵夫人が目にした次のような文に推し量られる。皇帝の手紙はこう始

軍服姿のヨーゼフ

まっている。

「あなたが私の姿を目にしたら、笑いが止まらぬことだったでしょう。わたしは陸軍の設営将校として振舞って、礼を尽くして客人を歓迎したのです。今回のことは、私にとって不愉快な経験だったと人は言うでしょう。でも、私のこの突飛な扮装には、私なりの考えがあっての事だったのです。あの状況では、私が披露した姿の影に隠された真意と献身を知らない人はさぞや度肝を抜かれたであろう。私は、自分の歩く姿を鏡の中に見る度に、その見慣れない格好の人物に最敬礼してしまいそうになったものです」。


ロシアのエカテリーナ一世の没後に皇位に就いたピョートル三世は、親ドイツの方針をとっていた。その妻であったのが、ドイツ公女ゾフィー・フォン・アンハルト・ツェルプスト、のちのエカテリーナ二世である。ピョートル三世の死の原因は彼女による暗殺説もささやかれている。ヨーゼフ二世にとってエカテリーナ二世の即位はまさに好機であった。

皇帝の計画が奏功し、この結婚は見事に成立した。

ニシンは贅沢品

一七八二年三月四日

カール・ツィンツェンドルフは、わが耳を疑った。その時の彼は皇帝といっしょに、数年ほど前にアウガルテンのはずれに建てられた「ヨーゼフの隠れ家」と呼ばれるあずまやにいた。皇帝は執務室に置かれたソファに身を横たえていた。皇帝はまた目に痛みを覚えて、サフランとハーブ、牛乳を調合して二つの小袋に入れたものを眼帯にしていた。

ツィンツェンドルフ伯はその数週間前に財務顧問官に任命されたばかりだった。開口一番、皇帝は「わが国の国境税関は、有効に機能していない。多数の密輸品が諸国から国内に運ばれている」と主張した。ツィンツェンドルフは、奢侈品の信奉者ではなかった。贅沢な品々が出回っていた。「このことは、原則に従い外見で判断して贅沢品に高額の関税を課すことが現実的には不可能であることを証明しています。ヤミ取引は廃絶させねばなりません」。

ここで皇帝は切り返した。現況とは逆に外貨が国内に流入しなければならない。ツィンツェンドルフは、皇帝の次の計画を聞いて仰天した。

「そこで、コーヒーや砂糖、ニシン、保存食の魚、絹布を奢侈品とし、商品取り扱いにさいしては権利の貸借を行うつもりだ」。ツィンツェンドルフはなんとか自制を保った。そして言った。

「贅沢品と日常消費品とは違います。食の味わいを損ない、交易を妨げ、高値により消費者の利益を奪うことがはたして許されるでしょうか」。

皇帝は反論しなかった。ツィンツェンドルフは皇帝を承服させることができたと確信した。

ところが、その一年後のこと、皇帝は魚を贅沢品に含めるという案件を持ち出したのである。それは、彼が帝国財務局の宮廷財務長へ昇進させると告げられた直後のことだった。ニシンと保存食の魚の関税は、二五パーセントに引き上げられた。

皇帝は関税による国庫収益の増加を意図していたのである。オーストリアには海がないのでニシンや保存用の魚は贅沢品になりえた。

市参事会への決定　一七八二年三月十九日

ローマ教皇のウィーン到着を目前にして、市参事会がシュテファン寺院においてローマ教皇に表敬訪問をすることの是非は、ウィーン市当局に難題をつきつけた。この問題は意見の合意が得られぬまま、皇帝に一任された。

皇帝はいらだって答えた。

「市参事会は教皇の神権を付帯している点で、同じくその他のあらゆるカトリック教徒そのものに他ならない。であるから、今回のような場合やシュテファン大聖堂に集まる場合にはすべからく、当局者は教皇の在、不在にかかわらず参列しなければならない。もし教皇が姿を見せなかったとしたら、その必要はない」。

手短に言えば、このような問題はどうでもよいと、皇帝は考えたのである。

シュテファン寺院

枢機卿の砲兵隊

一七八二年三月二十日

ミガッチ枢機卿は、ローマ教皇の到着に合わせてウィーン市内にあるすべての教会の鐘を打ち鳴らし迎えようとした。そこで枢機卿は、皇帝にそれを打診してみた。教皇が王宮にとっては招かれざる存在であるのを知っていたが。

皇帝の返事はこうであった。

「しごく当然である！　教皇を迎える栄誉礼では、われわれは互いにその礼砲を打ち鳴らそうではないか！」

皇帝にとってローマ教皇は二重の意味において嫌悪すべき人物であった。その理由は第一に母のマリア・テレジアの葬儀に対してヴァチカンがとった侮辱的な態度であり、第二には、ローマ教会の弱体化を狙う皇帝とカトリック教会との間の権力をめぐる駆け引きがあった。

レクイエムの復讐

一七八二年三月二十二日〜四月二十二日

皇帝は、重い病の末に死を迎えた母マリア・テレジアのことを念頭から振り払うことはできなかった。ピウス六世は一七七五年からローマ教皇の座につき、一七八〇年にその座を去った。ピータース・ドームで行われるマリア・テレジアの葬儀をきっかけにその椅子を辞したのである。カトリック教国に認められていた教皇による厳粛なレクイエムを捧げることがその理由であった。たしかにマリア・テレジアはハンガリー女王、ベーメン女王の位にあったが、男ではなかった。十八世紀の男性中心の世界観からみれば、最高権威者ではあっても、ひとりの女が、このようなローマ・カトリックの最高位からの尊厳を受けるには、不適当とみなされるのが当然のことであった。辞任の背景には、このような価値観の相違があった。

女帝の死は、以上のような価値観の訂正を教皇に要求し、皇帝が、教皇への思いがけない提案を将来思いつくきっかけとなった。

マリア・テレジアの没後一五カ月が経過したころ、教皇は私人としてウィーンに赴いた。この時、何ものも教皇を押し留めることなどできなかっ

ヨーゼフ二世、教皇ピウス六世とウィーンで会う

一七八二年、教皇ピウス六世は、皇帝が教会の勢力圏に干渉するのをやめてもらおうとする

た。それは、国家による「無駄な」修道院の廃止、帝国より上位に位置する司祭の存在の廃止、教会と教会からのローマへの資金送金の廃止、カトリック教会の承認を必要としない離婚の成立、寛容勅令、ついにはカトリック司祭区ミラノに及ぼすヴァチカンの特権支配をめぐる紛争であり、これが後に重大な結果をもたらすこととなった。ピウス元教皇は、ウィーンが主張するこれらの権利が正当性に基づいていることを理解した。元教皇は、ウィーンのヴァチカン大使館を滞在期間中の宿とするつもりでいることを手紙で知らせた。だが、皇帝は異を唱えた。

「なにとぞわがウィーン王宮の一角を御宿泊に御使用戴きます様、請願いたします。これはわれわれ双方の威厳に適うものであり、何より優先されるのは、御宿の快適性です」。

この招待は実際、元教皇の立場に見合った事であるとして、受諾された。この招待に秘められていた皇帝の真意は看破されることなく、皇帝がその胸中にどんな目論見を抱いているかをピウス元教皇はまだ知る由もなかった。教皇宿泊を告げるウィーン王宮の報告は、事態とは正反対に次のような淡々としたものであった。

「教皇が御宿泊されることに決定した棟は、荘重に整えられた。その御寝室には、女帝が息を引き取られた部屋があてられることに決定した」。

一七八一年、ヨーゼフ二世によりオーストリアで修道院が廃止される

このようにして三月二十二日から四月二十二日までに及んだ三一日間の滞在期間中をとおして、皇帝は、亡き母のために行われるはずだった鎮魂の儀については一言も口にすることはなかった。教皇が眠りにつく前にそのことを想起するように。

音符への誘拐

一七八二年七月十六日

モーツァルト作曲のオペラ『後宮からの誘拐』を初めて演奏した後に、皇帝はこの若い作曲家にこう声をかけた。

「モーツァルトよ、この曲はあまりに美しく、しかも楽譜には過激なほど音符が乱れ飛んでいる」。

「まさしく皇帝陛下の仰せのとおりでございます。必要以上に」とモーツァルトが答えるのを遮り、皇帝は続けた。

「かもしれぬ。ただし、さらにそれをよく知る必要があるが」。

シェーンブルン宮殿

モーツァルトがシェーンブルン宮殿で御前演奏をしたのが一七六二年十月二十三日であった。

この時に彼がマリー・アントワネットにプロポーズした逸話は有名である。こののち一七八二年には『後宮からの誘拐』がウィーンのブルク劇場で初演された。

総督夫人からの嘆願書　一七八二年七月

ベーメン総督を務めたフュルステンベルク領伯爵カール・エーゴンは、ヨーゼフの決断により解任された。伯爵は皇帝の命令を受諾した。しかし、その妻であるシュテルンベルク伯爵夫人は、承服できずにこの人事異動に異議を唱えた。

夫人は、皇帝に嘆願書を送り、このたびの夫君の身にふりかかった不運の原状回復を願い出ようと思い立った。

彼女は書面を王宮に宛てて送ったが、マリア・テレジアはすでに故人であり、その息子ヨーゼフが住まいとしていた。

皇帝の返書が夫人のもとに届くまでにさほど長い時間はかからなかった。

「マダム！　あなたの夫君は神聖ローマ帝国フュルステンベルクの伯爵であり、名声ある人物の一人でもあります。が、ベーメン総督の地位にこれ以上留まることはありません。ノスティーッ伯爵をその後任に任命した理由にあなたはお心当たりがあることでしょう。わたしの近臣なら誰でもその地位に就くのです……。ご子息には、わが陸軍での地位――諸領邦の統治者の令息が任命される位を与えることを考えております。マダム、これからのオーストリアは、過去とは異なるということをあなたに再度お伝えする必要があるようです。いまや統治者の子息以外の人物が王宮に迎えられ、彼らの中から優秀な者が多数将校の地位を獲得し、幕僚への昇進や偉大な帝国陸軍の指揮を執ることを希望している時代なのだ、ということを。この度の私の好意が確かなものであることを、あなたから御夫君に伝えられるよう、そして今後、政治に関する事柄へのご意見は、直接御夫君から奉書を送られる旨をもまた伝えていただきたい。そしてこのことはあなたの心にも留めて置かれますように。帝国政務の事情に関する事柄に、女性と文書にて対応することは、私の習慣とするところではないのです。

ヨーゼフ　一七八二年七月　ウィーンにて」

妻の苦悩

一七八三年一月十六日

結婚生活に関するあらたな法令に、ある婦人は目を通すことなく、その中の一節も彼女の目に留まることはなかった。婦人とその夫とは、食卓と寝室を別にしており、皇帝に謁見した時に、その婦人は夫から虐待を受けていると訴えた。

「それは酷い」と、皇帝は言った。「しかしそれは私の関与するところではない。そなたは枢機卿会議に上申するように」。

そこで婦人は反撃に出た。いま述べたことに加えて、夫が家庭で全権を握っており、彼女に罵詈雑言を浴びせる、と主張した。

ヨーゼフは答えた。「それにしても酷いことだ」。そしてこう言って、驚かせた。「しかしそれはそなたに関係ないことだ」。

一七八三年一月に公布された結婚令によって、結婚は市民的契約であると声明された。教会での結婚式が義務付けられ、カトリックでは認められなかった離婚が可能となった。また七月には婚外子の承認が宮廷布告で決定された。

コルセット戦争　一七八三年八月十四日

イレスハージ伯爵夫人はショックを受けた。皇帝がコルセット*の着用を廃止したのだ。そして今、目の前にコルセットをつけないままの令嬢が立っていたのだった。伯爵夫人は便箋と封蝋を手に取った。そして、すべての女生徒がコルセットを着用することを禁ずるとした宮廷の決定に、猛烈に抗議した。学校側は皇帝の決定を遵守しなければならず、コルセットを着用しない状態の娘の姿に、いても立ってもいられなかったのである。

けれども皇帝はこの決定を撤回しなかった。皇帝は伯爵夫人に次のような手紙を書いた。

「あなたの関心は、令嬢に愛らしく賞賛をあつめる姿を希望することにあるが、わたしはそれとは異なるもうひとつの良い機会を提供したかったのです。公の教育の場でコルセット着用を禁じた規則は、長年にわたり苦痛を強

＊女性が体型を整えるために身につけた下着。

コルセットを着けた女性

いられてきた少女たちに快適性と健康をもたらすことを第一に考えた上での決定です」。

ただし皇帝は、たしかにここでこう容認もした。「もしコルセットの着用が御令嬢に必要不可避であれば、コルセットの排除は無意味であろうし、再びそれを身につけてもかまわない」。にもかかわらず、彼はこう考えた。「余はこう言わずにおられない。若者の成長に懸念が生じた場合に、コルセットの着用を止めることで正常な発達がみられたという多くの例を目にしてきたのだ」。

皇帝からの短い手紙を読んで、伯爵夫人は自分の形勢が不利であることを即座に悟った。皇帝の意図に反して、令嬢を再び〔コルセットの〕ひもで縛り上げた。医者は令嬢に装備なるものが必要だと判断したのである。

伯爵夫人は鼻が高かった。コルセット戦争で彼女は勝利し、そのことは一族の中に広まった。イレスハージ家出身のバッチャーニ伯爵夫人は、自分の娘にもコルセット着用の譲歩を願う手紙を皇帝に送った。この騒動に疲れた皇帝は、今後の処理を高等法院にゆだねた。皇帝の答えはこうであった。

「御令嬢がコルセットを着用する必要があるという医師の診断書を送付すること。しからば許可を与えよう」。

スペイン近衛兵へのマナー

一七八三年九月二十六日

皇帝は、マドリッドの外交官であるドミニク・フォン・カウニッツ伯に手紙を書き送った。「近衛兵ゾッキーを解任し、交替させてはどうかと考えている。彼をウィーンに送り返すように。マドリッドでの二期にわたる滞在のあとでは、スペイン高官特有の癇の強さはすでに十分矯正されたであろうし、われわれもウィーンにそのような立派な家臣が必要であるので」。

皇帝は、単に「解任せよ」とは命じない。このような命令書がヨーゼフ二世独特のスタイルであった。

スカートの裏側

一七八三年十月初旬

皇帝は、女性の洋服だけでなく下着に関しても流行というものに理解がなかった。もっとも教育の場にかぎり、宮廷の決定によって、すでにコルセットの廃止が行われていた。しかし、一体どのようにしたら、少女たちと学業終了後の女性たちに、ばかげた服装の習慣を止めさせることができるのか……。

両脇にはりだし、後ろに高く絞ったスカートのふくらみに因んで、流行に敏感な婦人を「ブッファント〔ふくらんだ〕」と呼んだ。この形態を演出するために、武装ともいえる工夫が施された。それには自然な形態に欠けているものを補うため鉄製の棒が用いられたのである。

愛らしさが演出され、健康は損なわれた。しかし、医学博士ヨーゼフにとって、エレガンスは問題にならなかった。解決策はすぐに見出された。

それは、きゃしゃな娘たちからばかげた思いつきを一掃するために、ヨーゼフ二世は、女囚にふくらんだ囚人服を着せたのである。罪に問われた女たちは、この格好でウィーンの街路を歩かなければならなかった。これが奏功

スカートの女性たちの戯画。ヒエロニムス・レッシェンコール筆。次の説明文がある。「ねえ、お姉さんたち、その飛行器具でどこへ行くの？」「お母さん、ずっと高い所へ上がろうとね！〔出世しよう、の意〕」

し、これまでのどんな宮廷による決定よりも早い効果をあげた。「公的な職務につく者は、健康、清潔そして安全を維持するため髪を切ること、そして年齢、身分、性別、刑期の長短にかかわらず、これらに違反したものは回数を問わずに罰せられるものとする」という、ヨーゼフのユニークな勅令が影響したのであった。上流階級の女性たちは、最新の、モードとはいえエレガントとはいえない同性の姿を、遊歩道上で目にすることがなくなった。彼女たちはふくらみをもたせたファッションをただちにやめた。ヨーゼフはその目的を達したのである。

「鉄の輪を用いて前に膨らませた女性の服装は、傍目に彼女が妊娠中であるかのような印象を与えかねない。また〔そのような姿は〕未婚者の場合であっても差し障りが生じる。おのれの軽率さゆえに街路を歩くよう刑を言い渡された囚人は、流行の先端を体現することとなり、その服装は人の笑いを招いたのだ」。

刑務所からの帰還。ヒエロニムス・レッシェンコール筆

貧民のための基金

一七八三年十一月三十日

ヨーゼフ二世は、個人的に基金を拠出することをせず、金銭的救済が要求される場合には基金事務局を設けた。会計局と基金上級財務局は、提示された計画にしたがって年額一四、〇〇〇グルデンの支出を予定していたが、実際、事はそう順調には進まなかった。

「どのように見積もったら、一四、〇〇〇グルデンという金額が三一人の官吏が所属する部署に必要となるのか。予算作成にあたった者が、多くの貧しい者より官吏を優遇したとしか思えぬ」。

ヨーゼフは再計算してみた。まったく馬鹿げた額だったことが明らかになった。「三、七〇〇グルデンが確実に緊縮できる」。さらに救貧局は宮廷から財政局の直属となり、さらに五、〇〇〇グルデンが節約された。

そうしてヨーゼフは、彼自身の言葉にしたがえば「貧者の神聖なる財産」、年間八、七〇〇グルデン――を官吏の自由に任せなかった。

十二月に皇帝は役人に対する最初の「教書」を出し、利己心なき職務遂行を勧告した。

一七八一年には「寛容令」「農奴解放令」と並んで「臣従令」が発布された。これは臣民からの領主に対する苦情申し立てを許可するものである。臣民は苦情を一審である区役所と二審となる宮廷に陳情し、国家弁護士による代弁が行われることが明記された。この法令によって、ベーメン諸国においてこれまで隷属的な立場に置かれてきた法的弱者にも、公正な臣従性が与えられることになった。

官吏への教書

一七八三年十二月一日

ヨーゼフは官吏の職務指導に手を焼いていた。この一〇年というもの、彼らは文書をただ回覧するのみで、期日を厳守することには無関心だった。その反面、みずからの地位の確保には慎重であり、時計が就業時間の終わりを告げる時だけは時間に忠実であった。

ヨーゼフは辛抱づよくはなかったものの、飽く事なく彼らに、宮廷官吏ではなく帝国官吏としての自覚を諄々と説いた。ヨーゼフの政策ではこの二点こそ、ハプスブルク家とハプスブルク＝ロートリンゲン家との相違であり、ヨーゼフはこの切迫した熱意にとりつかれていた。

この熱情はすぐさま人々に「指導教書」――とりわけ最新の一三項目からなる――と呼ばれることになった命令によって実現された。この「指導教書」は、正式には「帝国官吏規準への宮廷令」という。

「すべての帝国官吏に対するヨーゼフ二世の催告と訓令は、以下である。それは、

1　公布される命令は、その真意と目的を完全に自身のものとするために、すべての帝国官吏に尊重され熟読されねばならない。

2　命令を発布するだけに満足することなく、その委譲の受け入れと実施を注意して見守らなければならない。

3　何者も時間ではなく予測と義務にしたがい職務を割り振るべし。

4　金銭または役得を排除し、それによって利益を得た者を告発しなければならない。

5　副次的なことや個人的な副業、おしゃべりによって本業を妨げてはならない。上司は病気の部下に対して忍耐を持ち、彼らの信頼を得ることでみずから秩序が保たれ、すべての本質的でないものは放棄され

るであろう。

6　どの官吏もすべての無駄遣いをやめ、国民に好意を持って受け入れられる職務遂行への最善の態度、その方法の発見を熟慮しなければならない。しかし部下はその礼儀正しさを上司に示し、誤った者たちに習得と納得とをもって正義を示さなければならず、これら善行が抑圧されることなく、正しい道であることを悟らせねばならない。

7　どの官吏も、排除すべき無用で不必要なことがらを報告しなければならない。

8　帝国官吏は、国家、宗教の違いによる差別や嫉妬、偏見を退け、同時にみずから国家福祉に供し、互いに役立つ存在であること。

9　帝国に奉仕する仕事をするときは、いかなる個人的傾向も持ち込んではならない。すなわち、階級や儀礼を考えずに仕事をし、献身的で熱心であることにもっとも価値をおかなくてはならない。仕事をさらに前進させるためには、それゆえに前述されたような不満は退けられねばならない。

10　どの上司も部下に対して仕事の指示を快く行うべきであり、彼らへの指導を繁く行うことに喜びを見出すべし。

11　重要事項の照会と同様に、指令は遅延なく発せられるよう取り組まねばならない。

12　地域の小村において、不秩序、停滞、不適切な事態が発生した場合には、ただちに代官を派遣し、事態を調査し、原因を検討し、誰にでも耳を傾けねばならない。不正を排除し、何者かが正義を示さねばならない。あるいは、地域の重大な現状を告知し、次の二点において上級官吏か代官以上の者に指導書に基づく判断を求めなければならない。すなわち、その者は上からの命令を正しく遂行しているか、もしくは、現出している問題に対して、当局の義務として、官吏の体面を損なってでも退職勧告ができる、意欲的な者であるか。

13　帝国官吏は、最善の実績を達することを第一としなければならない。したがって有益な提案や改善には、自己の利益を顧みたり職務を怠ることなく迅速に着手し、しばしば納得いかなくとも、結果としてすべての者に有益なことはすなわちわが身にも同様であるということを、信条にしなければならない。そのため、これらと帝国への奉仕をおろそかにみる者や、職務に付随する功利または名誉に気を惹かれる者は、その旨申し出て、役所を辞するべきである。行政機関は、国家への誠実最良な人物には、自己放棄とあらゆる場面での献身を要求するのであり、上述のような者は適任ではないのである。

皇帝のグーグルフップ

一七八四年四月十九日

円形をした六階建ての「精神病院」がウィーンに建設された。市民がこの建物にニックネームをつけるさいに頭を悩ませる必要はなかった。彼らはそれを「ヨーゼフ皇帝のグーグルフップ*」と呼んだ。いまでも年配のウィーン市民は、何か頭にくることがあると「グーグルフップにきたようだ」とよく言う。

ある無礼者、ラテン語の知識をもつ大学生らしき男が、開業を翌日に控えた大病院の建物に入り込むとその一角にある大部屋に忍び込み、チョークで一三九行にわたる解説を書き込んだのである。「ヨーゼフ二世、ここでは第一世〔＝主人**〕」

皇帝はそうした皮肉へのセンスを持ち合わせていなかった。彼は「ヨゼフィヌム」〔ヨーゼフ皇帝のもの〕と理解したのである。

ところでヨゼフィヌムというと、普通は、次の施設を指すのである。

この「ヨーゼフの医学外科学軍事アカデミー」は、第一駐屯地病院の前身

ヨーゼフ皇帝のグーグルフップ（レッシェンコールのスケッチ、部分）。

＊鉢形のスポンジケーキのこと。

＊＊主人とは、第一の人を意味することから、ここでは一世のことを指す。しかしヨーゼフは二世である。この青年にしてみれば気の利いた皮肉を書き込んだつもりだったにちがいない。

である陸軍病院に隣接し、皇帝は私財から百万グルデンを支出し、イジドール・カルネヴァルによって野戦医師の訓練施設として建てられた。

このヨゼフィヌムは、現在も解剖医学博物館として知られている。そこには蝋を用いて作られた標本が収められている、それは三万グルデンの費用をかけてフィレンツェで製作され、ウィーンまでラバの背に揺られて運ばれた。

また、この博物館には六〇〇〇〇冊以上の蔵書を収蔵した図書館がある。その大広間には創立者の胸像が置かれている。その台座には金色の文字で「ヨーゼフ二世アウグストゥス」、その下には同じ大きさで「Hic primus（ここの主人）」***と記されている。

ヨーゼフ二世、ここでは第一世（ジュゼッペ・セラッチの胸像）。

***ヨーゼフ＝主人とすると、そのヨーゼフは一世でなければならない。そのためこの一文を追記したのである。

帝国のエスペラント語

一七八四年五月十八日

ハンガリー語はハンガリー王国の公用語ではなく、ラテン語が使用されていた。ハンガリーに限らずジーベンビュルガー伯爵領でも、ウィーンとの政治行政上の連絡にはラテン語が用いられた。各地を頻繁に旅したヨーゼフ二世は、思いきった宣言をだした。「死語となった言語を行政上用いるのは、その国が低級な文化しかもたないことを証明するようなものだ」。他方で、「ラテン語をハンガリー中に広めるのは馬鹿げたことだ。ラテン語がスラブ語とドイツ語が話される地域に普及することはありえない。官庁用語として検討されうるのはドイツ語である。」と語った。

結果としてヨーゼフ二世が期待したのは、こうであった。「全帝国内で共通の言語が話されることのメリットは、あまねく繁栄をもたらすことにつきる。帝国全土は、兄弟愛で結ばれるだろう。フランス人、イギリス人そしてロシア人がこれを立証している」。

ハンガリーの中央官庁の官吏は、ドイツ語の短期習得教室に通わなければならなくなった。なぜなら、言語改革は早急に行われようとしていたからで、皇帝が彼らに与えた時間はわずか半年であった。中央官吏の習得は一七八四年十一月一日まで、ハンガリー内の郡県および各市の官吏については、一七八五年十一月一日までとされた。これらの「最高決定」は、すべての聖職者にも適用された。その後、期限は二年間延長された。報告書、通信文、特許状の作成には、「書面の形式は、片面にはラテン語、もう片面にはドイツ語」で、二カ国語を用いることと定められた。

一七八七年十一月一日以来、議会ではドイツ語が用いられることとなり、

「三年後には、ドイツ語が出来ない者は、派遣吏として任用すべきではない」とされた。

ただし、唯一例外があった。「代議士と裁判官については高度な学問に属するこの言語に精通していることに疑いはなく、ゆえに、法令文は従来どおりラテン語が用いられる」。

一七八四年八月末、ハンガリーの宮廷宰相が皇帝に猶予期限の延期を嘆願した。それはもはや期限二カ月前のことであり、官吏の大半は、ドイツ語習得が間に合わない状態であった。しかし、皇帝は理解を示さなかった。「官房は、意見を求め余を煩わせることはない」と、これを却下した。「余は、シャボン玉を砲弾とみなすような件〔有事の決断〕に関わっているのではない。余の下した勅令は正しいものであり、ハンガリーの官吏がいかようにドイツ語を習得しようとも、それはわたしの関知しないことである」。

皇帝はこの決定を覆さず、期限までにドイツ語能力を身につけられなかった官吏は解任された。

ブダの記念塔　一七八四年六月

ハンガリー帝国は辺境領にあり、その首都を決定するにあたって、皇帝の意見と地政上の理由からプレスブルクは却下された。一七八三年初冬に皇帝は、プレスブルクからオーフェンへハンガリー内陸部を所轄する官庁を移動し、そこをハンガリーのブダと命名した。それによりブダは、ペストを含まぬまま首都となったのである。*

大量の人と金がこの岩盤の町をめざしてドナウ川を下って流れ込んだ。この方面に限ったことではない。ブダは繁栄を誇った。ブダの人々はヨーゼフへの感謝のしるしに記念塔を建てた。

このことで、たとえ戴冠はしなくとも国に王を迎えるという同意が形成されつつあった。

（ハンガリー）王たるヨーゼフは、これを拒否しなかった。むしろ彼は、記念塔を受けいれる前に六つの条件を挙げた。彼はこう記している。それは、「あらゆる偏見が一掃されるならば、真の祖国愛とその理解が勝利し、国の利益となるであろう。国家の要求と安全、その承諾に対し、すべての国民

*ドナウ川の北がオーフェン（ブダ）で、南がペストである。

が喜んでその財産を寄付することになるであろう。学問の進歩により教会教義が簡素化されて、真の宗教教義は民主的な法によってなされ、蒙が啓かれよう。より簡潔な司法制度の導入は、人口増加と農業の改良による富をもたらすであろう。産業の振興により帝国内には多種多様な商品がゆきわたるだろう。これらすべてが実現することをわたしが心から念じているように……そうなって初めて、わたしは栄えある記念塔に値するのだ」。

一七八三年十一月二十八日、皇帝はハンガリーの国家官庁をプレスブルクからブダへ移した。それによってブダは、ハンガリーの首都として、あらたな行政の中心となった。

コモルンのピラミッド　年月日不明

カリジウス男爵に素晴しいアイディアがひらめいた。当然、この考えを心に秘めてなどいられない。最重要事項に属することだ。なんとしてもいますぐにでもわが皇帝にお聞かせしなければならない。

皇帝への謁見が許可され、それは慣例により王宮の廊下で行われた。

男爵は進言に及んだ。

男爵「ハンガリーのコモルンは、ほとんど五年おきに地震を経験するという不運に見舞われております。すでに甚大な被害を被り、いまなお最も危険にさらされております。町は斜陽に瀕しています。そこで私は、エジプトにこれまで一度も地震が起きていないことに気がついたのです。エジプトが他の町と違っている点は、エジプトにはピラミッドがあるということです。つまりピラミッドは地震に対して確実な防御手段のひとつに違いないのです」。

皇帝「では、一対か、もっと多くのピラミッドを立てるのが効果的ということか」。

男爵「これは私の恭順なる提案であります。これによって皇帝陛下にいかにしてピラミッドが建設されるものかの輪郭を提示いたすものでございます」。

皇帝「そちは、その費用についても算出したのか」。

男爵「いいえ。しかし私が思うには、三〇万から四〇万グルデンで正真正銘のピラミッドを作ることが可能でありましょう。——もっともエジプトのものよりはいくぶん小規模ではありますが……」。

皇帝「コモルンにはそれだけの予算があるのか」

男爵「ございません。しかしいくらかは皇帝からの御寄付を賜ることもかないましょうし、残りの額は地方からの寄付金でまかなうことが可能でしょう」。

皇帝「まあ、わたしはそれについて異を唱える何ものもない。ピラミッドを建てるのにしかるべき場所があるならばの話だが。そしてそちが同意を得てその作業に関わろうというのなら、すぐにでも取り掛かるがよかろう。それまでわたしは建築費の供与を表明せずにおくとしよう。少なくともピラミッドの完成をこの目で見て確かめるまでは。では」。


というわけで、建築費が供与されなかったために、男爵のピラミッド建設案は実現しなかった。

アルサーグルンドのベルサイユ宮殿

一七八四年八月十六日

ヨーゼフ二世は、帝国の顕彰となるにふさわしい豪壮な建築物をひとつとして建立しなかった。それにもかかわらずウィーンの一地区のアルサーグルンドには、彼の時代に建てられたいくつかの壮麗な宮殿以上に印象的な、ひとつの大きな建物が今も残っている。ヨーゼフ二世はパリに滞在したおりに、あることに強烈な印象を受け、確信をいだいた。「ホテルデュー」と名づけられた大病院には、金持ち専用のベッドがあったのである。身分違いの者が、その隣に、さらに隣に、そのまた隣にと、そのひとつの同じベッドで寝ていた。そこでは死体もまた、回復を待つ病人とともに寝かされていた。

ことさら皇帝に強烈な印象を与えたのは、その大きさだった。皇帝は同様のものをウィーンにもと願った。大きさだけは同じであったが、そのほかはまったくといっていいほど大幅な変化を余儀なくされた。それはまったく違っていた。首都のウィーンと領主の居住地には、寛大に寄せられた基金で運営されている小規模の病院がたくさんあった。それらは雑然としており、病人は自分に適した病院を見つけるのにいつも難儀していた。だから皇帝は、

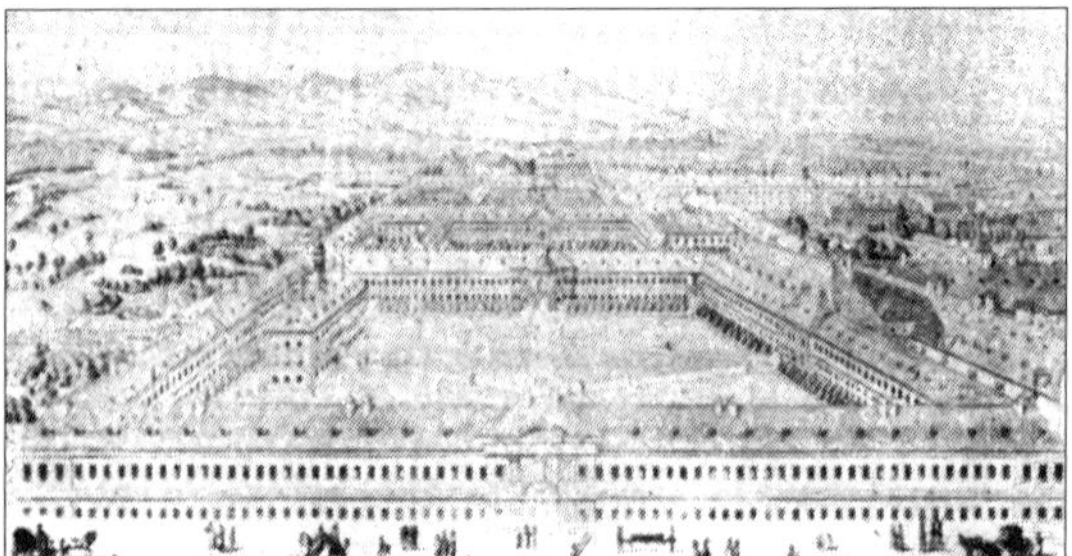

皇帝ヨーゼフ二世の壮麗な宮殿、つまりウィーンの総合病院。正面は今でも変わっていない

貧しいウィーンっ子のための総合病院を求めたのである。

一患者に対し一床として、〔全部では〕一六〇〇病床――というプランは、クヴァーリン博士〔侍医〕によって設計に移され、皇帝はベッド数を一八〇〇に変更し、さらに二〇〇〇へと増やした。

一七八一年春には、「当地における病院と公共救護院の来るべき設置にむけての勅令」が公布された。この中で皇帝が重要視したのは「人間性が保たれること、身寄りのない若者の保護」であった。

皇帝はその公共施設を大きく四つに区分した。それらはいまなお存在している。「母親、乳児と子供の病棟のある産院・分娩施設、一般病棟と療養施設、長期療養院と救護院が設置された要看護病人のための施設、療養施設つきの精神科病棟」である。

ほとんど二年が経過し、その間なにも実現しなかった。官吏らは、単なる「空想」の実現がいかに困難であるかと異議を申し立てた。それに対し立腹した皇帝は、一七八三年二月初めにこう警告した。「事態の実現に立ちはだかる怠慢、無理解、悪意といったものが支配的であるかどうかについて、わたしはさしあたり調査せぬこととしよう」。皇帝は、特別に中央病院のために設置された宮廷委員会にあてて、こう通達し、最終期限を四カ月と切った。それに対する報告は、はやくもその月のうちに皇帝の忍耐に限界をもたらした。皇帝は政府に告げた。「この事業が確固たる信念のもとに発令されて以来、悠久の時間が過ぎ去ってしまったかのようだ。望まれた完全さと正確さはごらんのとおりおざなりにされ、逆に、まちがった計画が実現すれば、そのために中央病院に保護される民は二倍の数にのぼる。その解決として再度新たな病院を建てることは時間の無駄というものだ。わたしはこの建設を堅実かつ着実に達成するつもりであり、あらゆる点から、わたしは貧困には、病院の建設が有効であると考えている。即刻、以下の指示に従って作業に着手することを命ずる」。

従来の病院施設が改築、増築された後、この総合病院の開院は一七八四年五月一日に決定された。その期限は延期され、同年八月十六日の開業となった。皇帝は、バスタイ〔城塁〕の前に広がるアルス川沿いの区域を中央病院の敷地とした。そこにはウィーンの中心街では望むことのできない、健康に適した空気があった。

医師は今日でも、診断を要する患者をこの皇帝が設立した公共病院に搬送している。その病院は「総合病院」（Allgemeines Krankenhaus）を略して「アー・カー・ハー」といわれる。ただ祝日中だけは別の名で呼ばれている。「皇帝のベルサイユ」と。

ヨーゼフ二世は、フランスのルイ十四世が造ったベルサイユ宮殿のような華麗な建築物を建てることはなかった。だが、この「アー・カー・ハー」は規模の点でベルサイユに匹敵し、ウィーン市民はこの病院を皇帝のベルサイユと呼び称えたのである。この「ヨーゼフのベルサイユ宮殿」は、庶民の健康の向上に重要な役割を果たすこととなった。

偶然が決定する順位

一七八五年二月六日

その五六人の招待客は、階級の位に従ってウィーンからシェーンブルンへと馬車を駆ってきた。淑女や紳士らは一〇人だろうが二〇人だろうが〈人数の多少にかかわらず〉、それで彼らの気分が害されることはなかった。なぜならその優先順位は十分な注意が払われて決定されたものではなかったから。

パーティーの主催者である皇帝は、長期にわたり、厳格なスペイン式礼儀作法とそこから必然的に生じる騒動に辟易していた。彼の頭に解決策がひらめいた。

まず、会場には人々が予想もしなかった場所が選ばれた。「シェーンブルン」であった。皇帝は、母マリア・テレジアの死からこのかた、その宮殿の使用を中止していた。それにもかかわらず皇帝は習慣を復活させて、年に一度シェーンブルン宮殿の門を再び開くことにした。開放されたのはゆったりとしつらえられたオランジェリーに限られた。皇帝は貴族たちの楽しみをとりあげてしまっていただけに、その「冬に開催される春の祭典」〔二月初旬に開催された〕は望外の喜びと受け取られた。

第二の意外性は、招待客には馬車の使用を禁じたことにあった。馬車は〔その日の〕午前に王宮のアマーリエン翼でのみ使用が許可された。さらに第三の予期せぬ驚きが彼らを待ちうけていた。車寄せの並びはくじ引きによるとの決定である。

「ハラッハ夫人はくじで父上を、ヴァルトシュタイン＝ウルフェルト夫人は夫君を引き当てた」と、ツィンツェンドルフ伯爵は一七八五年の日記帳に記している。

くじ引きでは、皇帝は自分を例外としなかった。そして貴族と同様にくつろぐことが大切だった。

皇帝の試みは成功した。ツィンツェンドルフ伯爵は、皇帝がキンスキー伯爵夫人を自分の二輪馬車に同乗させたことを聞いた。

翌年の春の祭典は、ツィンツェンドルフ伯爵にとってははるかに見通しのたつものであった。「私（ツィンツェンドルフ伯爵）は九番のくじを引き、レイシー元帥とシャーレス公爵夫人の後に従った。ツィッキー伯爵とムシェット・リーニュ伯爵夫人の前には、ディートリッヒシュタイン伯爵が姪のハラッハ夫人と同行。六番手がハプスブルクのマリー大公妃と皇帝、七番手には上級宮内卿のシュタルフェンブルク公爵とアメリー・シェーンボルン、八番手には（重複して）レイシー元帥が、九番手には私とディーデ夫人、一〇番手にツィッキー伯爵。二輪馬車が二三〜二四台、箱形馬車が九〜一〇台という総勢で出発した」。

あらゆるところに礼儀あり。皇帝でさえ六番目の馬車で出発した理由は、ただ単に六のくじを引いたからであり、なんら権威への冒とくにあたるものではないのである。

密輸の取り締まり

一七八五年八月六日

皇帝が、領内の経済の活性化をめざし贅沢品の輸入を禁じて以来、さかんに密輸が行われるようになった。

皇帝は議会でこう宣言した。「国が外貨を獲得できないならば、少なくとも今ある外貨の流出を防止しなければならぬ」。一七八五年八月をもって差し押さえられた亜麻布、ビロード、絹刺繡などの贅沢な品物は、梱包ごとウィーンの城壁の上で公に焼却処分となった。ところが、唯一個人輸入が容認された者がいた。しかしその関税は商品の六〇パーセントというかなりの高額に設定された。

税関は厳格さがもとめられた。ウィーンの税官吏は潔癖とはいえず、皇帝の名をかりて意図的に干渉を行った。首都や城下町に住む親戚を訪ねようとする上流階級の婦人は、税関でまっさきにその高々とそびえた髪飾りを取るよう指示された。それは税関通過のさいの隠し場所と思われていた。何も発見できなければ検査は執拗さを増した。婦人が憤慨して文句をつけようが、切々と嘆願しようが、無駄なことだった。しだいに彼女はすべての服飾品を身から取り外して目の前に広げて見せるようにしなければならなかった。その間彼女は嘲笑に満ちた叱責を聞かなければならなかった。「不平を言ってはいけません。皇帝はこの上なく恵み深くあろうとしているのですから」。

ブラウナウのゼンメル

一七八六年二月十四日

ラテン語を学ぶすべての者と同様に、皇帝もまた子供時代からラテン語を学んだ。Vebra docent, exempla trahunt〔言葉を教えよ。例文を詳述せよ〕。その古典的教養をみごとに習得すると、皇帝はこの文の指示に従ってひとつのゼンメル〔庶民が主食とする小型の丸いパン〕について作文した。

皇帝は、身につけたラテン語で手紙を書くとゼンメルといっしょに職務で旅に出ていた上級相にあてて遣わした。「わたしはそちにインフィルテル〔オーバーオーストリアの一地域〕のブラウナウで売られているのと同じ半クロイツァーで買ったゼンメルを送ろう。ブラウナウはとても豊穣な土地であり、今年は例年にまさる収穫があった。この小さなゼンメルはそちに大切なこと

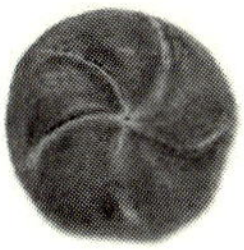
ゼンメル

を気づかせることだろう。市場で売られている低品質のゼンメルをあらためさせるために必要な法律をそちの指示でオーバー・オーストリアに公布するように」。

教師たちへの一撃　一七八六年五月十二日

後継者教育には大きな期待がかけられた。教育には湧き上がる熱意が求められた。そうした教師の熱狂ぶりに、皇帝はこう言って水を差した。「重責をになう立場にある教師と学長は、青少年の健康に害を及ぼすと思われるような行為、すなわち頭をこづいたり、殴打や突き飛ばしたり放り投げたりするようなことを、中止すべきである」。

フリートリヒ国王の死　一七八六年八月十七日

フリートリヒ大王（一七一二―一七八六）

「プロイセン国王の本質は組織と規律にあり、ベルリン王宮との交渉は重要な任務ではない。国王の行動と計画、その対応ぶりを観察すること。」一七八三年の年明けに、皇帝が駐ベルリン大使レヴィツキー男爵に与えた手紙には、こう記されていた。この手紙が指示するところを男爵はまったく理解できなかった。

皇帝は、プロイセン国王に対する個人的な見解を次のように書き記した。「四六時中というもの虚言と虚飾に思いを馳せ、規律を重んじる男である。彼は妄言を正当化し、それは熟慮ののち事実となって彼の目的は達成された。……彼は、実際には自分自身の損失となってしまう信条があるが、それがわが帝国のささやかな利点である……。このような男が相手では、わたしは自分にこう語るしかほかに道がない。わたしは彼より二十歳若い。時を待とう」。

皇帝は控え目にこう言ったのか、あるいは自分を〔実際よりも〕年上にみていた――皇帝は約三十歳若かったのである。フリートリヒ国王は一七一二年一月二十四日生まれ、皇帝は一七四一年三月十三日生まれであった。八月十七日、プロイセン国王フリートリヒ二世はサンスシ宮殿において、憂いから解き放たれてこの世を去った。

皇帝は宰相カウニッツにこう書き送った。「国王は偉大な軍人であり、その死が悼まれる。彼は戦争に新機軸をもたらした存在として歴史に永遠にその名を留めるだろう。わたしは、彼の死が三〇年遅かったことを悔やむ。一七五六年であったならば、時代は彼にはるかに有利だっただろうから」。

今となっては、二〇年あるいは三〇年が何を意味していたか、容易に理解できる。——三年あれば十分だったことを。

カウニッツ伯(一七一一—一七九四)

ここでヨーゼフがいう一七五六年は七年戦争が始まった年であり、フリートリヒ大王が活躍した年であった。この時に大王が亡くなっていれば、オーストリアはプロイセンから攻撃されることはなかった。また、著者による三年が意味するものは、その三年後にフランス革命が勃発したことを指すと考えられる。

実用的な飛行船

一七八六年十一月二日

ジャン・ピエール・ブランシャールは、空高く舞い上がる計画を胸に抱いていた。皇帝によって、パリを出発する飛行船がウィーンに招聘されることを切願していた。彼は見事な経歴の持ち主だった。一七八五年にはJ・A・チャールズ型の気球で、その外装は防水加工済みの絹布で製作されており、彼は地上三、五〇〇メートルまで上昇した後にアメリカ人ジェフリーとともにドーヴァー海峡を横断してカレー〔フランス北部の都市〕まで飛行していた。いままでは、料金を支払った観衆が見守るなかで、短時間の空遊旅行を実演していた。最前列の座席の値段は二ドゥカート、もっとも手頃な席は半ドゥカートで、オーストリア領ネーデルラントでも同額であった。

皇帝は常に新しい技術に関心を示したが、この気球の飛行には興味をもたなかった。それは皇帝には曲芸に思われたのである。同様の見せ物は、二年前からウィーンのプラーターでインゴルシュタット出身の有名な花火師ゲオルク・シュトゥーヴァーの息子カスパールによって披露されていた。

ブランシャール氏が私腹を肥やす以外になんらかの実用的価値があるとは、

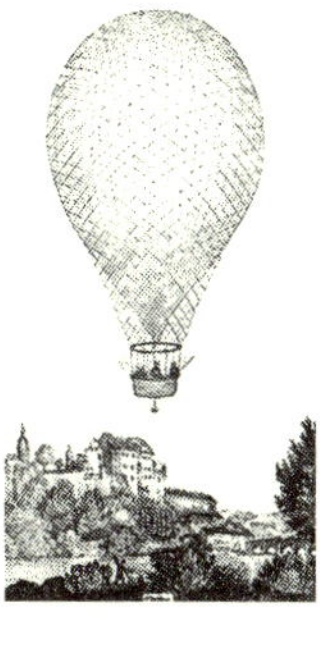

J・A・チャールズ型の気球

皇帝にはまったく思われなかった。「ミスター・ブランシャール、わたしはそちからの手紙を受け取った。そちはそのさまざまな経験と場所で観客の好奇心を十分に満足させた。だからそちの成功に対しては少しの疑いも持ってはいない」。皇帝はリュッティヒに着陸したこのフランス人に書いた。「しかし、そちがその知識と熟練とによって、空気静力学的にいうところの旅行をもう少し有益なものにされたときにウィーンに来られるように。そちの話に得心することは余の喜びとするところである」。

紅灯の町ウィーン　一七八六年十二月

ウィーンの大きな市街区のひとつである細長く延びた「グラーベン」は、昨日も今日も愛を商売とする女性たちの格好の場所である。皇帝の時代には彼女たちは、そのおもな活動場所とたたずんでいる場所にちなんで、「グラーベンのニンフ〔妖精〕」とよばれた。彼女たちは、四〇クロイツァーで買った「グラーベンのニンフのための小型本一七八七年度版」から、豊富な知識を仕入れた。

その手引書は皇帝の命令により発禁となっていたが、匿名で出版された。この本の著者が誰であるかはまったく意味をもたなかった。発行人とおぼしき人物は、印刷や再販をなりわいにし、副業に高利貸しなどにも手を広げている男で、数度の逮捕歴があった。

ハンドバックに収まるくらいのその小冊子には、こう書かれている。「一月はとても好都合。新年はじめの二、三週間は確実な収入になります。宮廷の盛大なパーティーは、なじみの紳士たちのほかにも多くの友人たちを町へひきつけます。あなたたちは早い時間に　名刺に自分の住所を書きなさい。……その上天候は乾燥し、四時にはすでに日没を迎えるということでも、一月はまた効果的なのです、……この月の最適なターゲットは、門番、火夫、侯爵、また王宮と王宮議事堂のお仕着せを着た使用人も、かなりの新年のプレゼントをもらっており、少なくとも初日のうちは財布は膨らんでいるからです」。「それに反して三月はもはやこのようにはいきません。以前には三月は稼げる時期でしたが、皇帝が密輸業者、販売人、ほかの多くの従順な人々の平安を乱して、四旬節に喜劇を上演する許可を与えてしまい、あなたたちの収入を激減させてしまったのです」。

グラーベンのニンフたちは、自分たちの流儀を尊重した。この小本は何度

グラーベン広場

もアドバイスを掲載した。そのうちの他愛のないものは「これほど長期にわたって四旬節の説教が行われている間は、いつでも一儲けできるでしょう……」。

五月と六月にはアウガルテンとプラーターが最適の場所として推薦された。もっとも、「ここでは多くの紳士が鉱泉の水を口にします」、とりわけアウガルテンはいい雰囲気で、「このことはあなたたちを恐れさせるものではありません……五月には夕刻八時ころまでが狩猟時間で、」六月は「八時以前はだめ」。

アウガルテンとプラーターはドナウに近い場所であることから、七月は場所変えが計画された。「今月、アウガルテンとプラーターではたくさんの蚊があなたの商売を妨害します。そのためいっそう快適な狩場となりますのがベルヴェデーレです。とくに庭園の上の場所は、樹の茂みが目隠しとなり好適です……」。

自然に帰れ。すなわちルソーとは違った意味において、八月にはこうアドバイスされた。

「今月も引き続いてレモネード屋台がでています。その付近はとくに格好の待ち伏せ場所です……」。

あなたには悪くない時期です。据え付けの風呂が寒い場合には、この付近で、軽く触れて……、家に清潔なベッドがない場合や南京虫の被害に悩むときには、城塁にしとねをひろげることができるでしょう……勇ましい紳士たちが毎晩のように城塁で横たわることを保証いたします」。

人間と男性に対する正しい理解が、すでにこの当時からこの職業には欠くべからざるものだった。そのために「ちょっとした人相学」が必要だった。「つまり、こちらとあちらのどっちが獲物に値するか、一瞬で見分けなければなりません。ここで重要な知識を手短にお教えしましょう。

年配の紳士、外套を着て帽子を目深にかぶり、ゆったりとした足取りで日没後三〇分くらいの時間にグラーベンやコールマルクト〔グラーベンとミカエル広場にあった昔のブルク劇場とを結ぶ通り〕を行き来して、何度もあなたのそば近くをすれ違い小さな咳払いをする男性は、期待できます。神父は……、「本物はきわめてまれだが、ロレンツォ・ダ・ポンテ〔宮廷作詞家・劇作家〕はこの肩書きをもっていました」。……小売屋台の前や、ミラノ風のコーヒーハウスに寄りかかって、通り過ぎるあなたに軽く手をふれます。そして、「麗しの恋人よ！　なんと美しい」と小声でつぶやく人は、可能性があるか、または少なくとも他のお目当てを手に入れることを心得ています。

士官たち、白のズボン〔帝国軍の制服〕以外のすべての軍人の象徴を取り去って、すれ違いざまにあなたにぶつかるかステッキで尻を打っている者は、可

ロレンツォ・ダ・ポンテ（一七四九—一八三八）

能性あり。この尻を打つ行為は彼らが騎兵であることを示しています。

忙しそうな様子をみせているものの、何度もあなたの前を横切ったり、盗み見たりしている人は、人目を避ける若い既婚者です。脇の小路に誘い込むことができたら、高確率です。教会内で長い十字架を手にし、しばし天を仰ぎ、あなたのコルセットとさらにその上方を横目で見ている男性は、その大半が密かな罪人です。だがそれだけ一層期待がもてます。ただ、いくぶん注意を要します。あなたの評判を大切にしなければなりません。

神父や他の清廉潔白な紳士、あなたの視線を受けて木の茂みの奥深くに身を隠したり、ドナウ川で道に迷う人、つまりプラーター、アウガルテン、レオポルトシュタットの劇場からこちら側に、あなたが後についてくるかどうか、しょっちゅうあたりを眺め、ためらいがちに左右に視線をはしらせている人は、もっとも確率が高く、「聖務日課書」であるかもしれませんが、〔なにかの〕本を一冊手にしているにちがいありません。

厩舎長と調教師は当たりはずれがあります。多くの恋人がいて、特権を持たなければあなたの鼻先をかすめていってしまいます。

ミヒャエル教会で最後のミサの間中おしゃべりしてふざけたり、馬車を乗り回したり、むちであなたの尻を打ったりする騎士たちは、可能性がありま す。

商店の勤め人または経営者で、あなたと固く握手し一エレ*につき二五パーセントおまけしてくれる人は可能性あり。

伊達男で、馬もないのにブーツと拍車で歩き回ったり、コーヒーハウスで半日パイプを口にくわえている者は、可能性あり。でもあなたは確実に料金をとれるかどうか様子をみたほうがよいでしょう。

最後に、老眼鏡をもはや手放せない紳士たちも可能性があります。あなたのことを親切な娘さんと呼び、自宅まであなたが付き添って帰ってくれるよう頼む人こそ、もっとも効果的です。彼はこうした風俗を知らない初心者か外国人です。このような獲物ひとりが、しばしば別の六人を埋め合わせるものですから、逃がしてはなりません」。

そこでは「快適な居間」への言及も同様になされている。

「城塁やこの周辺に客を探しに行く人には、とても快適な宿泊が用意されています……数年前からケルントナー門の城塁そばにあなたの姉妹〔売春婦仲間〕が住んでいます。彼女はここの二重通路の使い方をよく心得ていて、男爵が町側から階段を上ってきたときには伯爵を城塁から外へと逃がしました。追跡されたとき、その姉妹は当然シュピッテルベルクのビール・ワイン貯蔵所に身を潜めていました。その慎重さゆえに、彼女たちはその技術を生かして商売できる時代に生きているのです。家具を使用することはまずあり

*布地の単位。五〇～八〇センチ。

ません。なぜならあなたはいまどきの兵隊のごとく、明日は別の場所へと移動してしまうからです。胸や尻をふくらませるパッドをひっかけておくための釘が一、二本と、わらを袋詰めしたわら布団とマットレスがひとつずつ、その他には数脚の椅子があれば十分です」。

「慈悲深い姉妹たち」と庶民から呼ばれていたこれらの「売春婦」を街の風景から一掃するために、「公設の売春宿の設置」が皇帝に提案された。皇帝はそれを手先で拒絶した。「売春宿とは！　わたしはウィーンに唯一の大きな屋根を作らせねばなるまい。それで売春宿は完成であろう」。

フィガロの懇願
一七八七年四月九日　前

音楽が長い歴史を経過し獲得したもの、それにバリトン歌手ランチェスコ・ベヌッキは直感的に思いついた。彼は『フィガロ』[*]を演じては当代きっての声楽家であり、それに加えて、彼は、皇帝が彼に好意的であることも承知していた。

＊モーツァルト作曲のオペラ『フィガロの結婚』

ベヌッキは皇帝に特別手当を懇願した。

「何を思いついたものか」皇帝は言った。「そちはすでに、わたしの廷臣の誰ひとりとして得ていないほどの手当てを与えられているではないか」。「ならば陛下、廷臣達に『フィガロ』を演じさせてみられますように」。皇帝はこう返答した。「一理あるかもしれぬ」。「しかしそれ以外の使いみちはあるまい」。

ある貴族の転居

一七八七年四月—五月

ロシアのエカテリーナ二世を訪問する旅の途上で、皇帝はレンベルク〔ガリツィアの州都。現ウクライナの最南西部〕に滞在した。立派な邸宅の前を通る道の中ほどで、皇帝の一行は荷車に行く手を阻まれた。従者は高価にみえる家具をその家から引きずるようにして運び出し、苦労して荷車に詰め込んでいた。やむを得ず馬車から降りた皇帝は、この邸宅が、あるポーランド貴族のものだったことをしばらくして知った。ポーランドの分割で、そのポーランド貴族の所有する農場は、あらたに引かれたオーストリアとプロイセンとの国境の手前側とあちら側にまたがることになってしまった。そのため貴族はここに留まることをあきらめ、ガリツィアに所有する農地をすでに売却してしまった。そしていまやレンベルクにあるこの邸宅の整理に着手しようとしていた。それはつまり、そのポーランド貴族がプロイセンに居を移そうとしていることを表わしていた。

この経緯は、皇帝を不愉快にさせた。なにゆえこの男はレンベルクに残らないのか。なにゆえプロイセンのフリートリヒの足元に、それもよりによってフリートリヒとは。貴族は、返答を躊躇した。

皇帝によって再三再四返事を求められたあげく、貴族は切り出した。「プロイセン国王は領土が割譲されると即座に、十分な書類もなくわれわれをペテンにかけたのです。われわれは自分の立場を理解しています。差し出さねばならないものとその後に残るものを心得ております。変化に対して期待も懸念ももってはおりません。あらかじめ予測し、それに忠実に従うのです。ここガリツィアでは今日何かの命令が下されても、その八日後には撤回されます。われわれがある命令に従い行動しても、すぐに別のあらたな命令が下され、それはまったく最初の命令とは逆行しているのです。決定された運命は意に沿わないまでも、これほどまでに極端なものはないでしょう」。

そのさいの皇帝の態度は、最善のものであった。沈黙……。

スルタンの女

一七八七年八月

財政緊縮のため恩賜金の拝受はかなり以前に皇帝によって廃止されていた。豪華な装いをしたある婦人が、ルクセンブルクで皇帝に恩賜金を願い出た。皇帝はこの要望を無視したまま、この請願者の帽子をじっと見つめていただけだった。それは最新流行の帽子だった。それも、よりによってトルコ風のである。このシックな装いに身を包んだ未亡人は、皇帝からの保護が受けられると確信していたが、皇帝が不機嫌な様子で退出を指示したので婦人の期待は泡と消えてしまった。「そなたの王であるスルタン*に願い出なさい。そなたの君主がだれであるかは、その帽子が明らかに示しているのだから」。

*スルタンは、イスラーム帝国の世俗の王であり、当時のオスマン帝国王である。

ある宮廷女官への助言

自分の不注意から負債を抱え、その解決策を見いだせぬ婦人がいた。ついに彼女は、法廷に救いを求めて、その場で皇帝の助力を得られるよう重ねて救いを願い出た。

皇帝は、目の前にいる人物をよく知っていたにもかかわらず、尋ねた。「そなたは？」

「宮廷女官です」と答えた。「ならばそなたは自分の君主に願い出なければならない」。

「ただいまその皇帝陛下のもとに参上しておりますが」。「いや、わたしは女官を臣下にはもっていない」（皇帝は当時の通念として女性を臣下として認めてはいなかった）。

ウィーンへの流刑

一七八八年四月

ひとりの少尉が、トルコ戦争での急使として密命を将軍に届けなければならない事態が生じた。その密命は書状の形をとらなかった。万一、敵に捕まった場合に襲撃計画が漏えいすることがないように、指令は言葉で伝達される必要があった。焦燥からか、少尉はその内容のいくつかを、聞き漏らしてしまったか馬上で揺られている間に失念してしまった。何とか無事に到着すると、彼は将軍にその指令を伝えたが、当然のことにそれは不完全な内容でしかなかった。このことが原因で、少尉はすぐさまその役職を解任された。あらたに派遣されたところは、傷病院であった。彼はもちろんウィーンの傷病院へは行かず、ゼムリンにいる皇帝のもとに参じた。少尉は、不服の旨を陳情した。彼の話す言葉は、正しいアクセントでよく聞き取ることができた。彼は伝令としての職務に適した能力を備えていた。

皇帝は判断を下した。大きい声で明確に理解できるように、皇帝はその若い少尉に告げた。「聴力が劣る人間は、任された指令を正確に伝達することはできず、その者は病人なのだ。だからそちは辞令が指示する場にすぐ出向

将軍たちを従えたヨーゼフ二世

しなければならない」。

ロシアはオスマン帝国に戦争を宣言し、オーストリアの軍隊がオスマン帝国国境に集結する。一七八八年二月にオーストリアはオスマン帝国に対して宣戦布告し、ヨーゼフはオスマン帝国のベオグラードに向かってゼムリンに入る。

一兵卒の意見　一七八八年

トルコ〔オスマン帝国の主国〕への進軍の途中、ひとりの下級兵士がひどく不機嫌な様子で風景を眺めていた。皇帝は、彼が望郷の念にとらわれているのかと思い、そう尋ねてみた。「いいえ」と、その砲兵は率直にこう言った。「部隊の全員が故郷にいられたならば、どんなによかっただろうか、と考えていただけです」。

神の恩寵への権利

一七八八年八月二十四日

寄付行為書を発行するさいに、シュヴァルツェンベルク侯ヨハン・ネポムクは、自分の名の後に「神の恩寵により」という言葉を付け加えた。しかし、この肩書きは、王だけが自分の名の最後に書き加えることが許されていた。シュヴァルツェンベルク侯のこの尊大で傍若無人な振る舞いにあきれた皇帝は、次のような手段を講じた。この称号を使用する権利を自分が独占することを止めて、恩寵に従ってあらたな階級序列を設定したのである。

「神の恩寵と聡明さによって、農民から領主侯にいたるまで所有〈物〉は禁止されない。それは明らかなことであり、神の恩寵のもとにすべてが真理となる以上は、わたしに授けられた名前の使用は何人にも許される。ゆえに、シュヴァルツェンベルク侯には、同じ事情にある他の人と同様に、自分の名前以外のあらゆる称号の必要は認められない」。

Ⅳ 晩年

一七八八―一七九〇年

ドン・ジョヴァンニの判定

一七八八年十二月五日

皇帝は一七八八年十二月五日、病の進行によりトルコ戦争の途上からウィーンに帰還した。その日皇帝は『ドン・ジョヴァンニ』[*]の御前演奏を聴いたが、どこかが気に入らなかった。

ダ・ポンテはのちに回想した。「その場にいる全員が——モーツァルトを除いてだが——物足りなさを感じていた。曲にはあらたに筆が加えられ、アリアはすっかり変更されて上演されたが、『ドン・ジョヴァンニ』は皇帝のお気に召さなかった」。こうした重い雰囲気が漂う中で『ドン・ジョヴァンニ』の初演が行われ、病身の皇帝も臨席した。聴衆の反応はためらいがちなものだったが、皇帝はそれに惑わされなかった。

「贅沢で見事な作品だ。ひょっとしたら『フィガロ』に勝るかもしれない」。これは皇帝個人の感想であった。そしてオペラが一般聴衆の審美眼に働きかける効果について思いをめぐらせた。

「……しかし、わがウィーンっ子の好みにふさわしいものか……」。

ダ・ポンテは、モーツァルトにあてて、急ぎ皇帝の要求を伝えた。

＊モーツァルト作曲のオペラ。

モーツァルトは落ち着きはらって答えた。
「オペラを消化するためには時間が必要なのです」。

ゼムリンの咳

一七八九年年頭

一七八八年から八九年の冬にかけての時期には休戦の取り決めによって戦火は止み、そのあいだ兵士には休暇が与えられた。皇帝は、その休暇明けにも再度進軍を開始するつもりだった。

医者はそれに反対した。皇帝の病は最初の進軍の途上、セルビアのゼムリンで発症し、再び兵を進める事は皇帝の病状にとってきわめて危険な行為だった。

皇帝は「医師の立場からの意見であるならば、わたしはいつでも快くそれに従おう。しかし咳き込んだ場所がウィーンであるかゼムリンであるかは、臨終に際しては何の意味もなさないことだ」。

肺との闘争

一七八九年四月初め

一七八八年十二月以来、皇帝は執拗な咳に苦しんだ。毎日欠かさず飲むことを命じられた新鮮なヤギのミルクは、咳にはさほど効き目がなかった。

皇帝は、お見舞いに訪れた法律家に、自身の置かれている状況をこう説明した。

「わたしは自分の胸を相手に、たちの悪い訴訟を戦っているところだ。この争いは、最終的にどちらが勝利するのかわからぬ」。

皇帝の髭

一七八九年四月十七日

ヨーゼフ二世は自分でひげを剃っていた。しかし一七八九年の四月なかばになると、体力の衰えから理髪師に手入れを任せるようになった。事にあたってどう対処していいか、臣下の誰ひとりとして見当もつかなかった。

皇帝の命令を受けて、もっとも腕がいいと評判の理髪師を急きょ、皇帝の御前に参上させた。

皇帝は理髪師をこう言って迎えた。

「そちが首尾よくわたしの髭剃りをすませるなら、そちがわたしの顔を手で摑むことになった最初の者だ」。

歳月の色
一七八九年四月十九日

皇帝は生涯にわたってその輝くような褐色の髪を失わなかったが、理髪師に髭をあたらせる時に、ふざけ心から、灰色になった髭を剃るようにと命じた。

理髪師は神妙な様子で皇帝をじっとみつめてこう言った。

「今回は、陛下、灰色のお髭は見当たらないようです。皆、陛下の髭がやがて灰色になる日を心から待ち望んでおりますが」〔理髪師は、皇帝の長寿が多くの者の願いであることを言い表そうとした」。

マルチネスチェの帽子

一七八九年九月二十二日以降

ハルトミュラーの騎行団長は、マルチネスチェ〔ブカレストから北一〇〇キロにある現ルーマニアの町〕でコーブルク王子がトルコ軍に勝利したことを皇帝に奏上していた。騎行団長の報告をさえぎって、皇帝は尋ねた。

「そちのその皺だらけのかぎ裂きになった帽子はどうしたことか」。

騎行団長は答えた。「皇帝陛下、進軍当初この帽子はまったくの新品でしたが、行軍が進むにつれて、自分の帽子さえ枕がわりにしなければならないほど難儀な状況が続いた結果の姿なのです。われわれが占領したトルコ軍のもとには、かわりに戦利品とするような帽子は見当たりませんでした」。

「その帽子をこちらへ」と、皇帝は命じ、「この帽子は少佐たるものにふさわしくない」。そう言うと、その帽子をみずから頭に載せて被ってみた〔ヨーゼフ二世はこのような流儀で臣下を昇進させた〕。

莫大な戦費

一七九〇年一月二日

一七八八年三月中旬までの期間におけるトルコとの戦闘費用は、ほぼ一、八〇〇万グルデンであった。五月初旬にはすでに二、二〇〇万グルデンに、六月にはベオグラード包囲だけで三五〇万グルデンが支出され、年末には三、四〇〇万グルデンを超過する年間支出を計上した。

ツィンツェンドルフが算出した詳細な数字によると、三三四、四七五、三二一グルデン五九と一／八になる。一七九〇年の見積りは、さらに一、一〇〇万グルデン（一一、三〇一、四三四グルデン三〇ペニヒ）と算出された。

節約家という以上に、けちと表現するほうがふさわしい皇帝だが、この数字に接してもまったく動揺する様子をみせなかった。「戦争の費用はそれが望むだけかかる。流血を避けようとするなら」と、皇帝は言った。

カーニヴァルの再開

一七九〇年一月二十六日

カーニヴァルが繰り広げる様子をウィーン市民は驚き見つめ聴いていた。皇帝はこの一〇年間ウィーンでのカーニヴァルの習慣を中止していた。ブルク劇場の舞台の上では「みんなそうなのさ」と広大な音域で高らかに歌われていた。ヴォルフガング・アマデウス（・モーツァルト）の『コシ・ファン・トゥッテ』はドイツ語で歌われているが、ロレンツォ・ダ・ポンテのオリジナル脚本を基にして作曲されたオペラである。

モーツァルトのこの最新のオペラは、冬のシーズンでの夏の夜の夢（つまり『コシ・ファン・トゥッテ』のこと）になり、これはブルク劇場で上演された。楽器のテストは、初演の六日前に始まったが、初めの日はハイドンがモーツァルトにつきそった。

その時、皇帝の容態は『コシ・ファン・トゥッテ』を聴ける状態にはなかった。このようなカーニヴァル的コメディーに対する皇帝の興味を喚起するには、理論的関心に訴える以外方法がない。皇帝の個人的な好みからすれば、『コシ・ファン・トゥッテ』のような喜劇は論外であった。であるから、この「無愛想な」聴き手に対しては、その好みに合う方法が必要だった。

「皇帝は皇帝さ」と、単純にわりきってしまえる者は、ダンスに興じた。皇帝の執政以来、〔ヨーゼフの倹約精神によって〕カーニヴァルの舞踏会は月二回に制限されており、上流階級の者も体面を忘れて振舞った。

一七八一年にプロイセン公使リーデゼールは、こうしたウィーン貴族たちが興じる様子を嘲笑的な表現でフリートリヒ国王に報告している。「舞踏会や仮面舞踏会に行く時間を彼らがありあまるほど持っていることの証でございましょう」。

ブルク劇場で上演されたオペラは、皇帝在位一〇年を記念する年に公に許可された。モーツァルトのオペラ講義は理論的にはたしかに楽しかった。愛好家のためのこの講義に参加できるのは聴講生としての立場に限られた。ダ・ポンテの『コシ・ファン・トゥッテ』の演奏は、月二回に限定された悦楽であった。

真実を告げた貴族

一七九〇年二月五日

肺を病んだ皇帝に回復の見込みは薄かった。侍医のクヴァーリンはそのことを承知しており、皇帝は自身の病状を知りたがった。侍医は返答に躊躇したが、皇帝は詰め寄った。

「治癒の見込みはありません」と、侍医は告げた。

「余命はあとどれほどか」「もうしばらく持ちこたえられそうか」と、皇帝は尋ねた。

「その可能性はございます。しかし、この病は、患者がその瞬きをするたびに死の訪れを勘定せねばならぬほどの早さで死に至る病でございます」。

皇帝はしばらくの間無言のままでいた。そして侍医を退室させた。その日皇帝は、この侍医に対して、男爵の爵位と報奨金一万グルデンを授与した。彼の誠実な返答に対する感謝のしるしとして。

最後の聖餐

一七九〇年二月十三日

危篤状態に陥った皇帝は聖体拝領を望んだ。秘蹟を授けるため、司祭たちはウィーン王宮の慣習に規定された厳粛なたたずまいで、皇帝の横たわるベッドに近づいた。

誰が、どこに立つべきかを指示したのは、皇帝だった。司祭が聖餐を手にして姿を現し、その後ろに宮廷近臣たちが控えていた。皇帝はそちらに体を向けると、先ほど命じたとおりの場所にしかるべき者が立っているかどうかを確認した。

「私が聖餐を受けた時に、涙する者を目にした者はいるか」と、皇帝はシャンクロゥ夫人〔女官〕に尋ねた。

「はい。わたくしは、多くの臣下が、とりわけプリンス・ドゥ・リーニュが号泣する様子を目にいたしました」。

「私は、自分がそれほどの涙に値する人間であるとは思えない」と、皇帝は返答した。

死を前にして別れの挨拶をするヨーゼフ二世

それぞれの弔辞

一七九〇年二月十四日

名も亡き者が記した四行詩には、いまや死に向かう皇帝がどれほど多大な印象を与えたか、そのさまが見事に表現されている。

農夫の神
人民の救い
貴族の道化
彼は死と共にある

侯爵夫人たちとの別れ

一七九〇年二月十七日

皇帝が最後の文書に署名したのは、二月十九日の火曜日のことだった。その書体は不明瞭で、「Jsoph」〔正確にはJosephである〕と記されていた。その前日には皇帝はまだ、大きな寝椅子から起き上がり、燕尾服にブーツという完璧な装いで、夜の一〇時まで八〇もの書類を処理し、そのすべてに自分の名前を正確に署名していた。

皇帝はこれらの文書を秘書官に口述筆記させていた。

皇帝による自筆の手紙は、十七日水曜に書かれたものが最後となった。それらは、五人の侯爵夫人に宛てた別れの手紙である。

「最期の時が近づき、この手紙で私は、あなたがたの好意、礼節、友情と快い友愛に対する感謝の思いをお伝えするものです。長年にわたって、我々はお互いに友好的な関係にあったわけではありませんが、親愛の情のあらわれです。あなた方と過ごした楽しい日々を後悔したり無駄だったと思ったことはありません。それは私が自ら行った、賞賛に値した行いであり、その立場においてこの世を辞するのですから。どうか祈りのうちに私の親愛の思いを思い出して下さいますよう。天が授けて下さる恩恵と無限の慈悲深さは、私の身に余るものであり、どんな感謝をもってしても十分とは思えません。これらの思いと共に、私は諦念して最期の時を待っております。お健やかに。あなた方にはもはや私の書く字が判読できないでしょう。それが私の状況を証明しています」。

王冠なき王

一七九〇年二月十八日

皇帝が死の床に横たわっている時、ハンガリーでは歓呼の声が響き渡った。ハンガリーの王冠である聖シュテファンの王冠が、ハンガリーに帰還するのだ。

ハンガリー人には王冠がすべてであり、ハンガリー人は現在もなお、王冠が意義するものは大きいと理解している。

「この聖なる王冠が名誉と人民の愛とを引き付ける力に比べて、磁石がどれほどまでに強力に鉄を引き付けるかはさだかではない」と、十七世紀にペーター・レファイはその王冠を頭に戴き、雄弁に語りかけた。

ハンガリーの支配者に向けられた、この磁石を例に引いた名言は、次のミカエル・オルツァークの有名な箴言を補うと、完全なものとなる。「この王冠を戴くものは、たとえそれが牛であろうとも、王として称えられる」。

皇帝は、その生前、ハンガリー王への即位を拒み続けたが、それは皇帝にすれば自明のことであった。母である女帝は、ハンガリーの王座を勝ち取るために、ハンガリー貴族が要求する譲歩を甘んじて受け入れた。このときの

聖シュテファン王冠

次第は皇帝の脳裏に深く刻み込まれ、そのために王座を確保する対価として、みずからの足元を脅威にさらすような行動をとるつもりはなかった。

かつてハンガリー王宮府が、ブダで戴冠をおこなうように頻々と進言したさいに、皇帝は、ローマの詩人オーヴィドの有名な嘲笑的な句を返書にひいた。

「子供は子供らしく」という言葉で、皇帝は自分の意図を示した。しかし、こうした調子での返答にもかかわらず、ハンガリー議会は再度、懇願する奉書を送ってよこした。それに対して、皇帝はラテン語で « **risum teneatis, amici** »「友よ、笑うことを忘れるな！」と幾分かたくなな調子で、議会の懇願を固辞した。

ハンガリーへの皇帝のこのような態度はその後も続いた。一七八四年に彼は、母が戴冠した地プレスブルクから王冠をウィーンへと運ばせ、宝物館に収蔵してしまった。そこは皇帝所蔵品の保管場所であった。宝物館には、クロースター・ノイブルクの大公冠とプラハからもたらされた聖ヴァーツラフの王冠も収められていた。その後シュタイアーマルク大公冠も加わり、コレクションはついに完成をみた。皇帝はハンガリー王冠を戴かぬ「王冠なき王」であり、こうした対応は、ハンガリー国内での皇帝に対する侮蔑の感情を膨れ上がらせる結果を呼ぶこととなる。二月十八日、臨終の二日前には、皇帝は実際、王冠なき王であった。

皇帝の死が間近に迫った頃、ハンガリーは皇帝から強引なやり方で、ひとつの約束をとりつけた。それは、ハンガリー帝国議会を兼ねた州議会を召集することであり、遅くとも一七九一年の年末までと期限が設けられた。この背後には、議会みずから王冠を掌握する意図が隠されていた。

だが、ブダへと送られた皇帝の荷の中に、聖シュテファン王冠は納められてはいなかった。王冠はそのまますぐにウィーンへ送り返されたのである。王冠を保護する監視役の一人としてこの任についてまだ日が浅かったケグレヴィッチ伯は、皇帝の亡くなる日の午前八時に、宝物館前の職場に出勤した。

彼は入り口で聖シュテファン王冠を拝受した。ツィンツェンドルフの記述によれば、王冠は「見事に壮麗に飾られた馬車に守られ、ハンガリーにむけて移送された。三六頭の馬がしつらえられ、ケグレヴィッチ伯が王冠を携えて馬車に乗り込んだ。通り過ぎる町々で、王冠は荘重に出迎えられた。その度ごとに、伯爵は返礼をしなければならなかった。軍隊式に祝砲が打ち鳴らされ歓迎された……」。

政務への憂慮

一七九〇年二月二十日

この日、告別の手紙を口述筆記するのを中断して、二つの通達と一つの法令が発効され、翌日にも最後のものとなった二つの通達が出された。十九日から二十日にかけての夜中に、皇帝は昏睡状態に陥った。その後、穏やかに永遠の眠りについた。皇帝が息をひきとったのは、早朝の五時から六時の間というのが通説である。

だが、二十日付けとされる覚書が一通残された。

この「黒の紋章で封印され、二十日の日付が記された皇帝からの覚書」が、ツィンツェンドルフのもとに届けられたのは、彼が朝の身支度に取り掛かっている最中だった。皇帝の死を知ったのは、その手紙が届く前のことだった。その内容から、その手紙が事前に書かれていたものであることは、容易に推察された。この時点で、その手紙には留保がつけられていた。もし、皇帝の死が天意とするところでなかったならば、これまでの経過は、単なる暫定的な解決策にすぎなかっただろう。

皇帝が死去した日付をもつ、死後に届けられた皇帝の覚書が、ツィンツェ

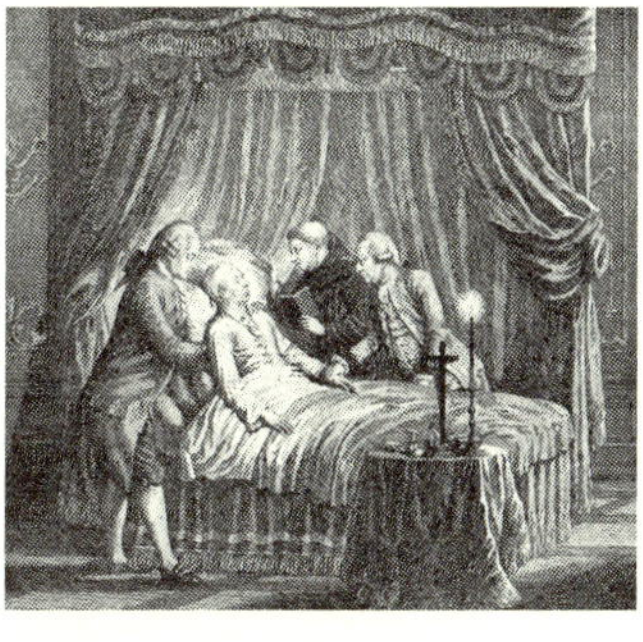

死の床のヨーゼフ

ンドルフはじめ上級官吏たちに示したことは、次のようなことであった。皇帝ヨーゼフ二世は、死を直前にして、みずからの意図を貫き通したのだ。彼は断念しようとしたが、そうしなかった。彼は最後の息を引き取るまで執務に向かおうとした。自分の死後、ただちに政務はひきつがれるべきであるとの皇帝の遺言を、この最後の覚書は伝えていた。

「現在の私の憂慮すべき健康状態を鑑みて、現在取り組んでいる執務の処理が急務であると考える。こうして病に臥せっている間も、また世俗の生から私を解放しようとの天意に応える場合にも、政務に不利となる遅滞を生じさせぬように、今後、わが弟とその後継者の大公の主権の正当性をここに認める。これをもって私は安堵して政務から離れることができる。私が下した命令と確立された規律とを維持し、確固とした責任感をもって、熱心かつ迅速に仕事に没頭し、継続すること、また、法案に関しては、遅滞させることなく従来どおりに毎日私の内閣府に提出するように。

決議への署名ならびに残存する問題への署名を、主権を委譲するわが甥であるフランツ大公に求め、そこには帝国大臣ハッツフェルト伯爵の連署を必要とする」。

解説　人民に愛された皇帝ヨーゼフ二世

倉田　稔

神聖ローマ帝国皇帝

ハプスブルク家の神聖ローマ帝国皇帝となったヨーゼフ二世（一七四一―一七九〇）は、世界史で有名な女帝マリア・テレジア（一七一七―八〇）の長男であり、またフランス革命で消えたマリー・アントワネット（一七五五―九三）の兄である。彼の活躍した時代は十八世紀だから、日本では江戸時代の中期の人物である。

ここでいう神聖ローマ帝国は、古代ローマ帝国の後に、中世から近世・近代のヨーロッパを統治した、広大無辺の帝国であった。正式には、「ドイツ諸民族の」という名がつく。この帝国は、一時はヨーロッパのほとんどを占めるまで拡大し、統治期間を通じてヨーロッパの面積の半分を占めた。「神聖」というのは、キリスト教という意味である。中世ヨーロッパではキリスト教が中心となったからである。「ローマ」は、古代ローマのようになりたい、という意味である。だが古代ローマのようにはならなかった。この帝国では、皇帝が選出されたが、ドイツ地方では一二五六年から一二七三年まで、オーストリア地方でもバーベンベルク家が断絶して以来、ハプスブルク家が支配するまでの一二四六年から一二八二年まで国王が空位であった（大空位時代）。

ハプスブルク帝国とは

ハプスブルク家は、大空位時代が終わって、初めて神聖ローマ帝国皇帝に選ばれた。十三世紀にルドルフ一世が神聖ローマ帝国皇帝になったのである。ハプスブルク家が常に皇帝に選ばれたわけではないが、中世中期以後はハプスブルク家から皇帝が輩出された。そのため、同家は、ヨーロッパ随一の家であり、また国になった。

ハプスブルク家が支配する帝国がハプスブルク帝国である。この帝国は、ヨーロッパに君臨した大帝国であり、その最も広い十六世紀には、今でいう、オランダ、ベルギー、北フランス、オーストリア、チェコ、スロヴァキア、スペイン、ポルトガル、北バルカン半島、ハンガリー、西ポーランド、西ロシア、ブルガリア、ルーマニアを含む。当時、スペインが世界領土――南アメリカ大陸、北米南部、フィリピンなど――を持っていたので、地球にまたがる領土を持った。この帝国は日の没するところがなかった。

ハプスブルク帝国の歴史を紐解くと、まず中欧に興き、東欧を支配した。続いてブルゴーニュを入手し、ネーデルラントとスペインを得て、世界帝国として君臨し、その後、オランダとスペインを失うが、ドナウ帝国として東中欧を支配する。

ハプスブルク家は元来ドイツ人であったが、国際結婚をしているから、実際はインターナショナルである。

ハプスブルク家は、「神聖ローマ帝国」の皇帝でありつづけた。それゆえ王の中の王であった。また皇帝位にある家であったから、ローマ法王とは兄弟の契りを結び、カトリックの盟主である。地理上の区分では、ヨーゼフ二世の時代には、帝国は、スペインと、東・中央ヨーロッパとに分かれていた。

この国は、第一次世界大戦の敗北で消えていった。だが七〇〇年にわたって世界歴史に深い跡を残した。

＊　＊　＊

ハプスブルク帝国史上、ヨーゼフ二世は意味深く興味ある皇帝であり、そして重要である。とりわけ彼が政治思想の上で果たした役割は大きい。

ヨーゼフ二世ほど、たくさんの呼び名を持つ皇帝はいない。革命家皇帝、貧民皇帝、農民の神、哲学皇帝、啓蒙君主、である。彼は、オーストリア・ハプスブルク帝国を真に民主化、近代化しようとした。皇帝としては型破りである。彼を革命家と呼ぶ人もいる。もちろん皇帝が革命家になるはずはない。それに彼は革命を嫌った。だがそれにもかかわらず、当時十八世紀にあっては、ハプスブルク帝国の中で、ヨーゼフ二世は最も革命的な人物であった。十八世紀オーストリア・ハプスブルク帝国で、皇帝が最大の思想家であった。

ヨーゼフ二世は、人々の生活が実際にどうなっているかをお忍びで探った。帽子を深くかぶりマントを着て、身を隠して国中を廻った。争いごとや、非道なこと、可哀想なことを見つけると、その中に割り込んだのだった。悪漢や悪い役人は、その彼を邪魔しようとする。そこでヨーゼフ皇帝は、帽子を取り去り、大きなマントをさっと脱ぎ去る。そこには、絵姿で帝国中に知られた、かの皇帝服に身を包んだヨーゼフがいるではないか。「余は皇帝ヨーゼフなるぞ！」と彼は叫ぶ。そこでかれらは狼狽して、「へへーッ」と頭を下げ、一件落着となるのである。さしずめ、〝日本の水戸黄門〟である。

母、女帝マリア・テレジア

ヨーゼフ二世の母マリア・テレジア(一七一七―一七八〇)は、フランツ・シュテファン・フォン・ロートリンゲン公(一七〇八―一七六五)と、当時では珍しい恋愛結婚をした。フランツは後に皇帝になって、一世と名乗った。

祖父カール六世(一六八五―一七四〇)が亡くなり、彼の作った国事詔勅に基づいて、マリア・テレジアがハプスブルク全家領を相続した。だがヨーロッパ列強は、カール六世の生きていた時はそれを承認しておきながら、これを認めなかった。マリア・テレジアが女性でありまだ若いので、彼女を侮ったのである。前年プロイセンの王位についていたフリートリヒ二世(一七一二―一七八六)は、オーストリア継承戦争(一七四〇―一七四八年)の口火を切った。彼は軍隊をオーストリア領シュレージエンに派遣し占領した。マリア・テレジアはこれに対抗して奪い返そうとしたが、果たせなかった。こうしてハプスブルク帝国は辛酸を嘗めはじめた。

マリア・テレジアは、トルコ戦争、バイエルン継承戦争、七年戦争、第一、第二シュレージエン戦争など、多くの戦争をせざるをえなかった。しかし彼女は、領主・教会の上に宗主権をおき、度重なる対外戦争に備えて富国強兵を狙った。

マリア・テレジアは政治では有能であった。またそれに加えて有能な宰相がいた。初めはハウクヴィッツであり、次いでカウニッツである。彼らは下級貴族だったが、その有能さで女王に抜擢された。カウニッツは、一七五三年以来の宰相であった。十八世紀後半の二〇年間、ハプスブルクの支配はヨーロッパの頂点にたった。

母マリア・テレジアが女性であるがゆえに他国から戦争を仕掛けられたので、ヨーゼフが生まれた時は、ハプスブルク帝国の諸国民は大喜びだった。これほど誕生が祝福された皇帝はいない。

真の啓蒙主義者

そのヨーゼフは、長じてから真の啓蒙主義者になった。啓蒙主義とは、十八世紀近代フランスで創られた新しい思想である。ディドロが『百科全書』を作り、その中で多くの進歩的思想家や技術者が執筆したのだが、これは、無知・迷信・蒙昧を廃し、すべてを理性の光にあてて考察しようとした。新しい合理的な考えがここに誕生したし、政治も民衆のために行なうことが理想とされた。

ヨーゼフ二世は、この『百科全書』派に連なる思想家たち、例えば、ヴォルテール、ルソーやモンテスキューの著作を熱心に読み、これらの進歩的思想を正しいと思った。そして、それを真に実現しなければならないとし、キケロのごとく、人民の幸福が至高の法でなければならないと考えた。ヨーゼフの考える国家目的は、一般的福祉であり、臣民の至福の前提条件としての安寧であった。だから、このためには天来の個人の自由はそのかぎりで制限され、また矛盾しないのであった。これらの思想は、当時オーストリアの自然法やカメラリスムス（官房学）の教えるところでもあった。

ヨーゼフの理論的修業はもちろん高いものではなかったが、実践的政策家であった。彼には才能があったし、それを振う機会があった。すでに二十歳代の若さで、枢密院に参加し、オーストリアの行政・財政の仕組みを知った。

そのうち彼は、事実上国家の布告に匹敵する建白書を起草した。「夢想」と題するフランス語文である。皮肉なことに、ヨーゼフの生涯を暗示する題であった。彼はここで、国の福祉のために全てをなすことができる支配者の絶対権力、そしてそれを外国の援助なしに堅持するための手段の調達を要請している。そのために、貴族の優遇された地位を廃止し、国家負債の利子をひき下げるというものであった。この「夢想」は、真に革命的な思想であった。

啓蒙主義の君主として、フリートリヒ二世（プロイセン）、エカテリーナ女帝（ロシア）、そしてマリア・テレジアが挙げられる。だが、前者二人は啓蒙主義を採ったふりをし、後者はその意味を理解していなかった。真の啓蒙主義君主はヨーゼフ二世であり、また弟のレオポルト二世であった。

ハプスブルクの外交

ハプスブルク家とフランスのブルボン家は何世紀にもわたり闘いつづけてきた。だがルイ十五世の宮廷のショアズールと、マリア・テレジアの知恵袋カウニッツ、二人が同盟を計画する。一七四九年、マリア・テレジアはカウニッツ伯の外交方針転換を受け入れた。同盟関係をフランスと結び、ドイツから乗り換えた。一七五九年に、ヨーゼフとイサベラ・フォン・パルマの結婚が知らされた。これは外交の第一歩としての政略結婚であった。彼女はブルボン家の出であったのである。イサベラは結婚後、一七六三年に亡くなった。ヨーゼフは彼女を愛したが、次ぎに再婚したヨーゼファが皮膚病だったので嫌った。

マリア・テレジアは、娘をヨーロッパの君主たちに嫁がせていた。フランスとの友好の証しとして、マリア・テレジアは、末娘マリー・アントワネットをフランス皇太子ルイ十六世と結婚させた。

共同統治時代

一七六五年夏、フランツ一世は卒中で亡くなった。マリア・テレジアは完全に打ちのめされた。その年から、ヨーゼフは母と共同統治をすることになった。一方、ヨーゼフは父の死をきっかけにハプスブルク家の資産を国家に寄進した。それは彼の主義であった。

マリア・テレジアは教育改革をし、ヨーゼフ二世は小学校を多数設置した。彼は、大学を教会でなく、国家の管理下に置いた。大学の授業はラテン語からドイツ語に改めた。母マリア・テレジアはおずおずと改革をし、息子ヨーゼフは大胆に改革をした。マリア・テレジアはあらゆる面で慎重になり、伝統を維持しようとした。これに対してヨーゼフは、絶対主義の改革を勧めた。母には、息子が宿敵フリートリヒ二世に追随しているとしか見えなかった。

ロシア・トルコ戦争（一七六九―一七七〇年ころ）によって、ヨーロッパの君主たちが一様にパニックに襲われた。フリートリヒ二世とヨーゼフ二世は、できることなら平和的手段で「世界を破壊する恐れのある奔流」を押しとどめようと、会談を重ねるのだった。一七七一年一月、エカテリーナ二世（ロシア）、フリートリヒ二世（プロイセン）、ヨーゼフ二世の間で、ポーランド分割の秘密協定が結ばれた。

ヨーゼフが一七七五年に神聖ローマ帝国皇帝になり、その後一七八〇年十一月、マリア・テレジアは世を去った。マリア・テレジアは政治・外交に手腕を発揮し、分割の危機にあったハプスブルク帝国を救った。それは栄華と威厳に満ちた生涯だった。

これにより共同統治は終り、ヨーゼフは唯一人の君主として改革に踏み切った。彼は、一〇年間の単独統治の間、開明的進歩的政策を次々と実施した。そのため彼は、ヨーロッパの心ある人々から尊敬されたのである。例えば、ベートーベンもその一人だった。彼は共和主義者であるにもかかわらず、ヨーゼフ二世を尊敬した。またヨーゼフ二世は、敬虔なカトリックである母マリア・テレジアが反キリスト者として憎悪しているヴォルテールを慕っていた。

ヨーゼフは尊敬していたルソーを自ら訪れた。

農奴解放令

母マリア・テレジア女帝以来、オーストリアでは農民保護が進められていた。ヨーゼフ二世は、農民に深く思いを寄せた。そして、農奴解放令を出したのである。こうして彼は「農民の神」といわれるようになった。これは啓蒙思想の影響であった。彼は、農民の気持ちになって自ら畑を耕した、といってもわずかな地面だけである。だが畑を耕した皇帝が、かつて存在しただろうか。

本書の原題（Die Furche von Slawikowitz. スラヴィコヴィッツの畝）は、これにかかわったのである。モラヴィアの村、スラヴィコヴィッツで、ヨーゼフの馬車が故障し、その間、馬車を降りてちょっと畑を耕してみた。これが大きなインパクトを世上に与えるのである。貴族は冷笑したが、農民は彼を敬愛した。冷笑した貴族はあとで罰があたることになる。

ヨーゼフ二世の命じた最大のものは、農奴制廃止令(一七八一年一月五日勅令)である。これによってハプスブルク帝国は中世から脱するのである。中世の農民は土地を持たず、土地は貴族が所有していた。ヨーゼフは、土地を買える農民は土地を買ってもよい、封建的賦役は廃止する、また農民が営業(=商売)をしても良い、としたのだった。こうして農奴は農民になれた。ヨーゼフの農奴解放は、貴族の持っている領地にまず向けられた。農民は労役や物役の封建的負担を逃れることができた。それだけ貴族にとっては打撃となった。また貴族の領地で農民が耕している土地は、農民が安く貴族から買ってもよいことになった。これで農奴は農民になれたのだが、逆に貴族は一時的にお金は入るが、永久に年貢を取れなくなるので、経済的に打撃を受けたのである。これは教会・修道院でも同じであった。彼の行なった農奴解放は、農奴を持っていた貴族と教会の力を殺ぐものでもあった。

勅令は、農奴制から温和な隷農制へ変えようとしたものであり、全オーストリア、ベーメン(=ボヘミア)、メーレン(=モラヴィア)に適用した。ヨーゼフの農業改革と農奴解放は、領主貴族への農民の隷従制を規制したものであった。これは全ヨーロッパ的関心事であって、君主の直接的支配をねらったものだった。ヨーゼフの目的は、農民を皇帝の管理下へおこうとし、それによって絶対主義をより強力にするのであった。具体的には、ルスティカリスト(帝国農民)を改革して、小農制を作ろうとした。

彼は語った。「最大の負担に苦んでいる農民は、君主の保護を要求すべき特恵的な権利を有する。」そして、

「自由な農民の創造は、人口の増加、産業の発達、一般的な調和状態などをもたらすことにより、国家、領主、農民のすべてに対して貴重な利益を与えるであろう。」

これは、主旨においてフランス革命と同じである。フランス革命が暴力で行われたことに対し、オーストリアではヨーゼフ二世の農奴解放令によって平和的に革命が行われたことを、人々は誇っている。

ウィーン郊外にあるプラーターの森は、ハプスブルク皇帝家の狩りの場であり、ヨーゼフ二世はここを市民に開放したのである。民衆に喜んでもらおうとした。ヨーゼフは国民思いである。

音楽や劇も、ヨーゼフ皇帝は大好きであり、それらを保護した。宮廷作曲家グルック（一七一四―八七）が亡くなってから、古典音楽の天才、ヴォルフガング・アマデウス・モーツァルト（一七五六―九一）をその後任として任命したのである。

文化の面から見ると、ヨーゼフ二世時代の芸術では、ドイツ劇、オペラが盛んになり、演出家シカネーダーらが活躍した。

ヨーゼフ二世は、それ以外に、政治では、拷問を廃止した。行政と裁判を分離した。

寛容令

農奴解放令と並んで重要な政策が、寛容令（一七八一年）である。これはヨーロッパでの近代のメルクマールであった。信教の自由を保障したのである。マルチン・ルターの改革以来、カトリックとプロテスタントは死闘を演じていた。キリスト教はユダヤ教をも圧迫していた。これらを、寛容令が禁止し、信仰の自由が公に保証されたのである。ハプスブルク家は、カトリックである。帝国民のほとんどはカトリック教徒であり、カトリックの力は絶大であった。このハプスブルク家のヨーゼフ二世が、プロテスタントやその他を認めたのだから、大胆である。プロテスタントは抑圧され、迫害されていた。これをヨーゼフは人間性の点から救ったのである。

一七八二年一月に、ニーダー・エステライヒ（ウィーンのあるオーストリア東部）のユダヤ教徒の寛容令を出し、一七九〇年にはガリツィア（南ポーランド）にも出した。これは、商業を発達させるためであった。ユダヤ人の力を利用しようとしたのである。

ヨーゼフ二世の政治の目標は、人民のための政治であった。こういう政治は、十八世紀まで世界で誰も行なったことがなかった。

ヨーゼフ二世は、一七八一年六月、検閲法（検閲廃止）を出した。出版の自由を認め、検閲を廃止した。これは、教・俗二元性を廃止しようとしたもので、教会の検閲権を取り上げた。これは、同年出した寛容令（信仰自由）と一体であり、検閲法の第三条、四条が進んだ条項である。これで多くの本が解放された。例えば、哲学者メンデルスゾーンの本が認められた。これまでルソーが禁止されていた。この時代に学者が出たのと、芸術家が自由になったのは、この検閲法と関係がある。例えばハイドン、モーツァルトが出たし、ゾンネンフェルスは警察を研究した。

一七八一年九月に、刑罰勅令、隷従制勅令を出した。これは、オーストリア、ガリチアで、領主裁判権を縮小し、国家裁判所に移行するものであり、その後一五年にわたり次々と帝国全土に適用した。これで中世的領主隷従関係がほぼ完全に解放された。人民の移住権・職業権・結婚権を認めた。最後の結婚権は、オペラ『フィガロの結婚』のテーマとなる。賦役や労働地代を、現物地代や貨幣地代に変えさせた。ただしこれらは、領主私有地ではなかなか実現できなかった。また一七八五年以降、妥協的方策がとられた。領主層の抵抗があったからであり、賦役は領主の土地では完全になくせなかった。

ヨーゼフ二世は、一七八七年の刑法典で死刑を廃止した。絶対主義の時代の刑は残酷で、ヨーゼフは、裁判を公開制にし、拷問をなくし、残酷な刑罰を禁止した。また、監獄労働は社会の正しい民業を妨害するという意見に組したヨーゼフ二世は、監獄の全労働の廃止を命じた。さらに彼は、不潔と悪疫とは監獄の有効な恐怖手段につけ加えられるべきものであり、このためには全監獄において清潔と保護とに力を用いねばならぬと、考えた。

ヨーゼフ二世は、私生児と嫡出子との同権を布告した。ただし、「懐胎期間内に母が数人と交合し受胎した私生児は父をもたない」と。

カトリック教会との対立

ヨーゼフ二世は、ローマ・カトリック教会と対決した。もちろんハプスブルク家はカトリックではあるが、教会の権力を殺いで、皇帝・国王の権力を強めようとしたのである。

一七八一年にヨーゼフは、国家の教会への優越権を布告した。翌八二年に彼は、社会活動をしない修道院の財産を没収する命令を出した。これで六〇〇から七〇〇の修道院が廃止された。教会・修道院が、土地財産をもつ世俗領主と同じであって、ローマ教皇の国際的支配下にあり、国家内の国家をなしていたし、君主に不服従であったからである。同年には、ウィーンに最高宗教委員会を作り、検閲権を教会から国家へと取り上げた。一七八三年に結婚勅令を出した。そして教会の結婚仲介を禁止した。結婚は市民的契約である、と彼は言った。教育権も教会から国家へ少しずつ移した。一七八二年から四年に、教会内部のあらゆる下らない宗教的慣習を廃止した。

一七八二年に、教皇ピウス六世がウィーンを訪問した。ヨーゼフの政策の撤回を求めたのである。しかしヨーゼフは、自分の方針を曲げなかった。ヨーゼフは会談後、こう語った。「問題が教会と国家のことに関するかぎり、我々は各自の見解に固執する。彼は教会の権威に依拠し、我々は国家の権利を堅く保持する。我々は個人的には友人同士であり、たとえ異なる動機から行っているにせよ、いずれも宗教の発展と人民の指導という共通の目的を追求している。彼は言葉を用いるが、我々は行為する。」

ヨーゼフ改革の二面性

ヨーゼフの理想であり、かつ指標とは、一人の君主のもとに、画一的に整序化された能率的な官僚制度を創造すること、その官僚制によって運営される機能的で効率的な統治体制を樹立することであった。

ヨーゼフ二世は、国際政治の上で、ロシアのエカテリーナ二世と協力し合おうと考えていた。彼は彼女のひどい政治を知らないわけではなかったが、ロシア・トルコ戦争に参戦した。マルチネスチェの勝利の後、一七九〇年二月二十七日、ヨーゼフは亡くなった。ヨーゼフの治世はたった一〇年間であったが、ハプスブルクの社会でもっとも劇的な転換をした。だがヨーゼフ二世の急進性とその改革は、かつて開明的政治家ハウクヴィッツやカウニッツによって提示されてもいた。

ヨーゼフの二面性は、自由主義的・革命的傾向と、同時に、専制主義的傾向をもっていることであった。いわばヨーゼフ一人の支配をめざすものでもあり、また大ドイツ主義思想でもあった。彼は一〇年間に、六千の布告と一万一千の法律を作った。

ヨーゼフ二世はドイツ人であり、ドイツ民族主義運動の担い手たろうとした。ドイツ文化へのてこ入れが積極的に行なわれ、そのための施策の一つが劇場改革であった。ついで、ハンガリーでドイツ語を公用語にしようとした。これはドイツ人とハンガリー人との間で大変な対立をよび、ついには反対されてしまう。このように、もちろんヨーゼフの政治がすべてよかったわけではない。

歴史における個人の役割というものは、ある。ヨーゼフ二世はその代表的人物である。

ヨーゼフ主義の復活

ヨーゼフ二世は、自ら「皇帝はわが職業である」と述べたように、ハプスブルク帝国の国民のために心を砕いた。

ヨーゼフの改革は、彼の死（一七九〇年）と、ハプスブルク帝国が自国内でのフランス革命を防止しようとしたために、一時途絶えた。だが、その後、ハプスブルクの官僚たちは、ヨーゼフの政治路線を正しいと考え、それを継承しようとした。一八四八年のヨーロッパ革命が起きた。これはドイツやオーストリアでは三月革命といわれる。ヨーロッパ大陸中で起きた革命であり、民主主義を要求した大運動である。オーストリアでは、宰相メッテルニヒが追放され、古い政治が倒された。この時、ヨーゼフ二世の思想は復活し、国の方針になってゆくのであった。

ヨーゼフ二世の治世から六〇年をへて、ハプスブルク帝国は再びヨーゼフ二世の思想をとりあげることになった。歴史に一度刻印された思想は再びよみがえるものだ。それはまず一八四八年九月の農奴解放令である。ハプスブルクの民衆はヨーゼフ二世を忘れていなかったのである。こうしてハプスブルク帝国では、ヨーゼフ二世の方針に基づいて新しく国が作られたのである。このヨーゼフ主義は、一八六〇年代まで、帝国官僚の指導的イデオロギーであった。ヨーゼフ二世の理念は、近代を通じて、ヨーロッパの基底を形成し、現代でも、彼の政治は意義を持つことになった。彼の理想は高らかに鳴り響き、後の進歩派の思想になった。

上からの良き改革

西ヨーロッパではフランス革命が起こり、暴力で社会が変革された。これは下からの革命であった。だが東ヨーロッパのヨーゼフ二世は、上からの革命を行ない、流血を見なかった。特にその農奴解放令によってである。西のフランス革命に対して、対照的に、東のヨーゼフ二世が歴史に現れた。歴史は必ずしもフランス革命に至るコースをとるわけではない。ヨーゼフ二世のような「上からの」改革もある。西ヨーロッパを典型とする「個人の解放」「個人意識」の社会と、個人が重視されない社会があるのだが、日本の社会もその点では、ヨーゼフ二世の東ヨーロッパと似ている。

ヨーゼフ二世が国民のために政治をしたように、統治者は国民の福祉のために政治をするべきだと普通は考えられるが、実際はそういう例はほとんどない。その意味でも、ヨーゼフ二世は例外なのである。彼は、寛容令を発布したし、モンテスキューのいうように司法と行政を分けた。拷問を廃止し、検閲をやめた。こうして近代国家を作ろうとした。

歴史は一直線には進まない。ジグザグに進む。変革には良き（または前向きの）変革と悪しき変革とがある。良き変革も上からの変革と下からの変革とがある。オランダの独立、ピューリタン革命、アメリカの独立は、下からの革命である。政権獲得後のヒトラーの戦争政策やスターリンの政治は、上からの悪しき変革であった。日本の明治維新は、良かったか悪かったかは分からないが、上からの変革であった。ヨーゼフのそれは上からの良い変革であった。いずれにせよ、歴史上前向きに進んだ政策は、一度否定されても、将来、人々はそれを思い起こして、実現されるだろう。

年表（一七二四—一七九〇）

＊原書の年表に監修者が世界史事項（▼で表示）、訳注（〔　〕で表示）、本書該当頁を追加した。

一七二四年

▼カール六世、国事勅書を発表。女子の領土相続を認める。

一七三三年

▼ポーランド継承戦争（〜一七三八年）

一七三五年

▼ウィーン仮条約。オーストリアは、シチリアをスペインに譲り、パルマ、トスカナを領有。

一七三六〜三九年

▼ロシア対オスマン帝国戦争。

一七三七年

▼ロートリンゲン公フランツ・シュテファン、トスカナ大公に。

▼オーストリア、オスマン帝国と交戦。

一七三九年

▼ベオグラード和約、オスマン帝国に多大の土地を返還。

▼ムガール帝国没落。

一七四〇年

▼オーストリアのマリア・テレジア、プロイセンのフリートリヒ二世、ともに即位。

▼オーストリア継承戦争（＝第一次シュレージエン戦争、〜四二年）。

一七四一年　**0歳**

三月十三日　月曜日　**ヨーゼフ、朝二時から三時の間に、ウィーンで生まれる。**オーストリア大公女マリア・テレジア（一七一七年五月十三日生まれ）とトスカナ大公フランツ・シュテファン（一七〇八年十二月八日生ま

れ）との第四子で、長男である。（二二頁）
四月十日　ブレスラウの南東モルヴィッツで闘い。シュレージエンのオーストリア司令官ナイペルク伯が、プロイセンの元帥シュヴェリーン伯に負ける。一方で、フリートリヒ二世（プロイセン）は戦闘に敗れ、逃れる。シュヴェリーンの勝利は、バイエルンの選帝侯カール・アルブレヒトを勇気づけた。彼はオーバー・オーストリアに進入。フランスでは戦争党が権力を握る。
六月二十五日　マリア・テレジア、プレスブルクのマルチン聖堂でハンガリー女王に即位。
九月十一日　**マリア・テレジア、プレスブルクの城で、ハンガリーの帝国議会でもある州議会で、ハンガリーの支援を求める。**フランスとバイエルンはウィーンに手をつけなかった。（二五頁）
九月二十日　ヨーゼフと姉マリアンネ、父フランツとともにプレスブルクを訪れる。
九月二十一日　フランツ・シュテファン大公、城で、マリア・テレジアとハンガリー議員の前で共同統治者として宣誓する。その際、ヨーゼフも乳母の腕に抱かれて、お披露目される。

▼ロシア、スウェーデンと戦う。

一七四二年　**1歳**
▼ブレスラウ和議、プロイセンがシュレージエンを奪取。
二月十二日　バイエルンの選帝侯カール・アルブレヒト、フランクフルトでローマ王になり、ドイツ皇帝カール七世として戴冠（一七四五年まで在位）。

一七四三年　**2歳**
五月十二日　マリア・テレジア、プラハでボヘミア国王に即位。

一七四四年　**3歳**
▼第二次オーストリア継承戦争（＝第二次シュレージエン戦争、～四五年）。

一七四五年　**4歳**
一月二十日　カール七世、ミュンヘンで死去。
十月十日　ヨーゼフの父フランツ・シュテファン、フランクフルトで神聖ローマ帝国皇帝になり、フランツ一世として即位（一七六五年まで在位）。

一七四八年　**7歳**

十月十八日　アーヘンの和約で八年間のオーストリア継承戦争が終結。プロイセンのシュレージエン領有が確認され、オーストリアとプロイセンの対立が決定的になる。オーストリアは、ロンバルディアにサルディニ部分を手放し、オーバー・イタリアの、パルマ、ピアツェンツァ、グァスタラ侯国をスペインのブルボン系統に渡す。戦争に参加した列強はすべて、国事詔書（カール六世の作ったもの）に賛成し、いわゆるハプスブルク＝ロートリンゲン家を承認した。

一七五一年　**10歳**

▼フランスで『百科全書』刊行開始。

一七五六年　**15歳**

七年戦争（＝第三次シュレージエン戦争）（〜六三年）。オーストリアは再度シュレージエン奪回を図るが失敗。

▼一月二十七日　モーツァルト生まれる。

▼宿敵であったフランスとオーストリアの同盟締結。

一七五七年　**16歳**

五月六日　プロイセンの元帥シュベリーン伯、プラハの闘いで戦死。

一七六〇年　**19歳**

十月六日　**ヨーゼフ大公（十九歳）、ウィーンのアウグスティーナー教会で、パルマ公女イサベラ（一七四二年十二月三十一日生まれ）と結婚。**（三四頁）

一七六二年　**21歳**

一月五日　ロシアのエリザベータ一世（女帝）死去、これは七年戦争で決定的な転換を意味する。ロシアはこれまでオーストリア側に立っていたが、エリザベータの後継者ピョートル三世は、プロイセンと和を結んだ。

三月二十日　イサベラ、初めの娘を産む。祖母マリア・テレジアにちなんで名づけられたこの子は八歳で死去する。

七月十四日　ツアーリ・ピョートル三世が殺され、その妃で、ドイツの公女だったゾフィー・フォン・アンハルト・ツェルプストが、エカテリーナ二世として皇位につく（一七九六年まで在位）。

▼ルソー『社会契約論』出版。

一七六三年　22歳

二月十五日　フーベルトゥスブルクの和約で、七年戦争が終わる〔プロイセンのシュレージエン領有が決定する〕。秘密追加事項として、フリートリヒ二世がハプスブルク＝ロートリンゲン大公ヨーゼフの神聖ローマ帝国皇帝即位に同意することが盛り込まれていた。

十一月二十二日　イサベラ、第二女を産む。ヨーゼフのロートリンゲン家の娘として。マリア・クリスティーネと名付けられたこの子は、生後すぐ亡くなる。

十一月二十七日　イサベラ、天然痘で亡くなる。

▼パリ条約。イギリスとフランスの植民戦争終結。

一七六四年　23歳

三月二十七日　ヨーゼフ、フランクフルトで神聖ローマ帝国皇帝に選ばれる。

三月二十九日　ヨーゼフ、祝われてフランクフルトに入る。

四月三日　**大公ヨーゼフ、フランクフルトで神聖ローマ帝国皇帝ヨーゼフ二世として即位。**（三八頁）

九月七日　エカテリーナ二世の寵臣スタニスラウス・ポニアトフスキー伯、三万人の貴族によってポーランド王に選ばれる。スタニスラウス二世として一七六四〜一七九五年の間統治。

一七六五年　24歳

一月二十三日　**ヨーゼフ二世、バイエルン選帝侯カール・アルブレヒト(かつての皇帝カール七世)の公女ヨーゼファ（一七三九年三月二十日生まれ）と再婚。**（四四頁）

八月十八日　**フランツ・シュテファン、インスブルックで没、息子ヨーゼフ二世の腕に抱かれて。**ドイツ王はその瞬間、ヨーゼフ二世に移る。（四五頁）

九月二十三日　帝妃で女王の、**母マリア・テレジア、ヨーゼフ二世との共同統治を声明。**（五〇頁）

▼ワットの蒸気機関改良。

一七六六年 25歳

一月一日　ヨーゼフ二世、皇帝フランツ一世が家族所有として買った領地の多くを国に返納した。彼は、新年の日々を除き、すべての祝祭日を廃止した。彼は宮廷の浪費を制限し、六人の姉の廷臣と宴会を廃止した。彼は猟官者に対して道をふさぎ始めた。

三月一日　ヨーゼフ二世、ハンガリーとバナートを旅行。

四月七日　**ヨーゼフ、一般人の楽しみのために、プラーター地区を開放する。**（五四頁）

七月十九日　**ヨーゼフ二世は、ブリュンの国事犯の釈放を永久に決定。**（五九頁）

一七六七年 26歳

五月二十八日　ヨーゼフ二世はヨーゼファとの結婚から解放された。彼女は天然痘で亡くなったから。

一七六八〜七四年 27〜33歳

▼ロシアのエカテリーナ二世の愛人ポニアトフスキーのポーランド王任命に対して貴族が反発、第一次ロシア対オスマン帝国戦争が開始した。

一七六九年 28歳

三月十五日　皇帝ヨーゼフ二世、弟レオポルトとローマで会う。

三月十七日　**ヨーゼフ二世とレオポルト、教皇選出に影響を与えようと、コンクラーベ（教皇選出会議）に入り込む。**（六〇頁）

六月二十日　**ヨーゼフ二世、ミラノを視察。**（六二頁）

八月一日　ヨーゼフ二世、プロイセン王フリートリヒ二世と面会するために、シュレージエンに旅立つ。

八月十九日　**ヨーゼフ二世、彼の馬車が故障したので、スラヴィコヴィッツの畝をひく。**

滞在が必要となり、アンドレアス・トルンカの鋤で、スラヴィコヴィッツの畝をひく。（六四頁）

八月二十五―二十七日　**ヨーゼフ二世、ナイセの陣営でフリートリヒ二世と会合。**（六八頁）

一七七〇年 29歳

一月二十三日　ヨーゼフ二世の娘マリア・テレジア死去、八歳に満たなかった。

三月二日　ヨーゼフ二世の第二回ハンガリー旅行。
四月十九日　マリー・アントワネット（一七五五年十一月二日生まれ）、フランスの王子、後のルイ十六世と、アウグスティーナー教会で、代理権を通じて結婚。
四月二十一日　十四歳半のアントワネット、フランスへ旅立つ。
九月一日　ヨーゼフ二世、メーレンでの軍事演習にゆく。
九月三日　フリードリヒ二世が、メーレンのノイシュタットの陣にヨーゼフ二世を返礼訪問。

一七七二年　31歳
九月二日　オーストリア、プロイセン、ロシアによる第一次ポーランド分割。ヨーゼフ二世とカウニッツの賛意にマリア・テレジアが同意、オーストリアはガリツィア（南ポーランド）を獲得。

一七七三年　32歳
七月二十一日　ローマ教皇クレメンス十四世（われらが主で解放者）の大勅書により、イエズス修道会の解散が決定。
九月二十二日　オーストリア継承諸国内のイエズス会廃止。教皇の勅書はウィーンのすべての教会で読み上げられた。
▼ロシアでプガチョフの農民反乱。
▼アメリカでボストン茶会事件。

一七七四年　33歳
五月十日　フランス国王ルイ十六世即位（一七九二年まで在位）、マリー・アントワネット、フランス王妃となる。

一七七五年　34歳
五月一日　**ウィーンのアウガルテンは、ドナウ川沿いにあり、以前は沼地で、皇帝の狩猟場所であったが、ダムで安全になり、公衆に解放された。**（七六頁）
▼アメリカ独立革命戦争始まる。

一七七六年　35歳
三月二十三日　ヨーゼフ二世、宮廷の近くに国立劇場を作る。

四月八日　**ウィーン国立劇場の開演。**（七八頁）

▼アメリカ独立宣言。アダム・スミス『国富論』出版。

一七七七年　36歳

四月一日〜八月一日　ヨーゼフ二世、フランスに旅行。

四月十八日〜五月三十日　**パリ滞在。**（八三、八四頁）

十二月三十日　バイエルンのマックス・ヨーゼフ死去。

バイエルンのヴィッテルスバッハ家は、それにより男子系がいなくなった。プファルツ・ズルツバッハのカール・テオドル（ヴィッテルスバッハ家の第二の家系）が後継者になった。カウニッツ侯の、ニーダー・バイエルン、オーバープファルツの一部の経営と、シュワーベンのミンデルハイムの支配が拒否された。

▼バイエルン継承戦争が勃発。

一七七八年　37歳

一月六日　ヨーゼフ二世、バイエルンに進軍。

七月三日　フリートリヒ二世はバイエルンのためにオーストリアに宣戦布告し、プファルツ・ツヴァイブリュッケン家を次のバイエルンの相続者として異議申し立させようと動く。

七月五日　フリートリヒ二世、ベーメンの国境ナホードの近くを越える。バイエルン継承戦争は戦闘なしであった。だからそれはオーストリア人には「スモモ騒ぎ」、プロイセン人には「じゃがいも戦争」と言われた。というのは、まもなく両軍の主な心配は糧食になったからである。

七月十六日　マリア・テレジアの委任でトゥーグート男爵が下交渉でプロイセン陣営に現れる。女帝も、またプロイセン国王も、戦争を望んだ。

▼ルソー、ヴォルテール、死去。

一七七九年　38歳

三月三十一日　**ウィーンで聾唖施設が開設。**（八五頁）

五月十三日　オーストリアとプロイセン、テシェンでの和約。バイエルンは、ヴィッテルスバッハの家が温存され、オーストリアは一部分の内部領地を保有する。

一七八〇年 39歳

四月二十日　ヨーゼフ二世、ロシアへ旅立つ。

六月四日　ヨーゼフ二世、エカテリーナ二世とモビレフで会う。

八月七日　ヨーゼフ二世の末の弟、マクシミリアンが、ケルンとミュンスターの司教補佐になる。

十一月二十九日　**マリア・テレジア、ヨーゼフ二世の腕の中で死去、ヨーゼフ二世の単独統治始まる。**（九二頁）

十二月二十八日　ヨーゼフ二世、慣例の素行調査を役人に拡大することを布告。

一七八一年 40歳

六月十一日　書物検閲を廃止。

十月一三と二十七日　**寛容令。非カトリック、すなわちルター派、カルヴァン派、非統一ギリシャ正教をローマ・カトリックの宗教仲間として同等にする。**（一〇七頁）

十一月一日　臣従令。農奴制をベーメンでも、穏当な臣従制に置き換える。臣従はその領主に、区役所（第一審）と宮廷役所（第二審）で苦情を申し出ることができ、国家弁護士が彼を代弁する（貧困法の追加）。

十二月二十日　ゾンネンフェルスは、ニーダー・エステライヒのユダヤ勅令の草案を皇帝に手渡した。

一七八二年 41歳

三月二十二日〜四月二十二日　**教皇ピウス六世がウィーン来訪。**（一二二頁）

五月二十四日　ヨーゼフ二世、義務を忘れた役人は解雇すると脅かす。

七月十六日　**モーツァルトのオペラ『後宮からの誘拐』がウィーンのブルク劇場で前上演。**（一二四頁）

一七八三年 42歳

一月十六日　**結婚勅令により、結婚は市民的契約であり、教会の洗礼は義務だが、離婚は可能だ、と声明。**（一二七頁）

四月二十五日〜七月十一日　ハンガリーへの旅。帰りには二つの馬車が誓願文で一杯になった。

七月二十八日　ヨーゼフ二世、宮廷布告で、婚外子は結婚した親の子と同等であるとする。

十一月二十八日　**ヨーゼフ二世、ハンガリーの国家官**

庁をプレスブルクからブダ（オーフェン）に移した。それにより、ブダは、新しい行政センターとして首都となった。（二四二頁）

十二月一日　**第一の「教書」により、自分を見失って義務を充たさなかった役人に警告。**（二三四頁）

▼ベルサイユ条約。イギリスがフランス、スペインと講和。
▼パリ条約。イギリスがアメリカの独立を承認。
▼クリミア、ロシアに併合。

一七八四年　43歳

四月十三日　ハンガリー王冠がプレスブルクからウィーンへ運ばれ、宝物庫に預けられた。

四月十五日　ヨーゼフ二世の一番若い弟マクシミリアン大公がケルンの選帝侯になった。

四月十九日　**精神病院がウィーンで開設。**（二三八頁）

五月十八日　**ドイツ語が、帝国全土の役所と仕事の言語として決められた。**（二三九頁）

六月三十日　トスカナ大公レオポルト〔ヨーゼフ二世の次の弟〕が、その第一子フランツ（一七六八年二月十二日生まれ）をフロレンス〔フィレンツェ〕からウィーンに連れてきた。ヨーゼフ二世の命令でフランツはウィーンで皇位継承者として育てられる〔彼はフランツ二世として一七九二～一八〇六年に神聖ローマ帝国皇帝、一八〇四～一八三五年に最初のオーストリア皇帝に在位〕。

七月六日　**ウィーンのプラーターで、カスパール・シュトゥーヴァーによる初めての風船飛行。**（二五七頁）

八月十六日　**ウィーン総合病院が開設。**（二四六頁）

八月十七日　新しい産院で初めての子が生まれる。母は、「不幸におちいった」厨房の少女である。皇帝ヨーゼフ二世は、最高厩舎長として、代父になる。

▼ボーマルシェの劇『フィガロの結婚』フランスで初演。
▼インド法成立。英東印会社、本国政府監督局下に。

一七八五年　44歳

七月二十三日　ドイツ「諸侯同盟」が結成され、諸侯は、帝国首長であるヨーゼフ二世に反対し、ポツダムで調印した。そのためにネーデルラントとバイエルンを交換するという皇帝の計画は、決定的にさまたげられた。

十一月七日　**「ヨゼフィヌム」が軍医の教育のために開設される。**（二三八頁）

十二月十日　フリーメーソンの容認がなされる。またそれは新しく組織される。

一七八六年　**45歳**

八月十七日　**プロイセン国王フリードリヒ二世、サンスシ宮殿で死去**（一五五頁）

八月二十三日　ヨーゼフ二世は、ブダ（オーフェン）の、倉庫として利用されたカルメリター教会をドイツ劇場として再建するよう命じた。

一七八七年　**46歳**

一月十三日　一般裁判規則の導入、これにより司法と行政の分離が決定的に行われた。法の前の平等に則り貴族と僧侶も裁判に従う。

四月十一日　ヨーゼフ二世、エカテリーナ二世に会うために、ケルソン〔ウクライナの首都〕にむけ出発。

四月十二日　キリスト教の助産人が、その両親の意志に反してユダヤ人の子に洗礼を受けさせることを禁止。

五月十四日　ヨーゼフ二世、ケルソンに着く〔トルコ分割協議のため、ロシア・エカテリーナ二世と面会するのである〕。

五月十五、十六日　アントワープで一揆。

六月三十日　ヨーゼフ二世、大急ぎでエカテリーナ二世のもとを離れ、再びウィーンへ。

八月二十四日　ロシア、戦端を開く。オーストリア軍がトルコ〔オスマン帝国の中心国〕国境に集結。

十月十七日　初めてのドイツ語の劇場がブダ（ペスト）に開設される。この劇場は二十世紀まで開かれていた。一八七〇年からはもちろんもっぱらハンガリー語であった。

十二月七日　モーツァルトが年給与八〇〇グルデンで宮廷作曲家に任命される。

一七八八年　**47歳**

一月六日　ヨーゼフ二世の甥フランツとヴュルテンブルク王女エリザベートがウィーンのブルク・カペレで結婚。

二月九日　オーストリア、〔オスマン帝国に〕宣戦。

三月十四日　ヨーゼフ、トルコ・ベオグラードに向かい**ゼムリン〔ドナウ川をはさみ、ベオグラードの対岸の**

町」に入る。（一六九、一七〇頁）

十一月十八日　**ヨーゼフ、病状悪化のためゼムリンを後にしてウィーンへ帰還。**（一七四頁）

▼合衆国憲法発効（米）。

一七八九年　48歳

四月十三〜十四日　**初の危険な健康の危機。ヨーゼフ二世、瀉血する。無力におちいる。**（一七六頁）

四月十五日　宮廷僧のもとで告解の後、司教・枢機卿ミガッチにより、最後の晩餐。

四月十七日　**ヨーゼフ二世、初めて他人の手でひげを剃ってもらう。**（一七六頁）

六月三日　新聞と書籍のスタンプが導入される。

六月十七日　フランス革命勃発（国民議会宣言）。

▼七月十四日　パリ民衆のバスチーユ攻撃。

七月二十二日　オーストリア領ネーデルラントで蜂起が広がる。

八月十一日　トルコがバナート（現在ルーマニアとセルビアにまたがっている地方、ハンガリー王国に属していた）を落とす。

八月二十八日　クレアフェーがトルコをバナートから追い出す。

九月二十二日　**マルチネスチェ（ルーマニア）でトルコに勝利する。**（一七八頁）

十月七日　ロウドンがベオグラードを征服する。

十月二十六日　オーストリア軍、アントウェルペンの東のトウルンオーで、ネーデルラント（ベルギー）の蜂起に勝利する。

十月二十七日　ブリュッセルで蜂起。

十二月十日　ブリュッセルで広く騒乱。

十二月十二日　皇帝軍は降伏。

十二月十七日　蜂起側の首領ファン・デア・ノートが、ブリュッセルに退く。

十二月十八日　ヨーゼフ、ハンガリーに王としての言葉を与える。州議会を招集し、おそくとも一七九一年の終わりまでに王冠を手放すと。

▼アメリカでワシントンが大統領に就任。

一七九〇年　48歳

一月二十六日　**モーツァルトのオペラ『コシ・ファ**

ン・トゥッテ』がウィーンのブルク劇場で前上演される。　ゼフ二世死去。（一八九頁）
（一八〇頁）

一月二十八日　ハンガリー向けの文書。ヨーゼフ二世、ハンガリー統治期間中の法令の取り消しを決定し、一七九〇年五月一日からハンガリー公共行政は一七八〇年時の状態が回復される、と。

二月五日　**侍医・クヴァーリンは皇帝の苦痛は治らないと語る。その公明さに感謝して、ヨーゼフ二世は彼を貴族にした。**（一八二頁）

二月十三日　**ヨーゼフ二世、聖晩餐を受ける。**（一八六頁）

二月十五日　ヨーゼフ二世、終油を受ける。

二月十六日　大公女エリザベート、女子を出産。

二月十七日六時　エリザベート、産褥で死去。

二月十八日　**聖シュテファン王冠が祝われてウィーンの宝物庫から出され、ブダ（ペスト）に持ち帰られる。**（一八六頁）

二月十九日　大公女エリザベート、皇帝の墓に葬られる。

二月二十日　土曜日　**朝五時から六時の間、皇帝ヨー**

監修者のあとがき

本書は Ekhard Mahovsky, *Die Furche von Slawikowitz und andere Anekdoten um Kaiser Joseph II.* Wien, München, Amalthea 1980 の翻訳である。和訳すれば、「ヨーゼフ二世をめぐる、スラヴィコヴィッツの畝および他の逸話」となる。著者エクハルト・マホフスキー（一九二一―一九九二）はウィーン日刊新聞の編集者であり、オーストリアのエスペラント連盟の役員を勤めた。この著書は、評判が良く再版が出た。

ヨーゼフ二世は、ヨーロッパでは非常によく研究されており、一種の常識ともなっている。にもかかわらず、日本ではハプスブルク帝国の研究自体が始まったばかりで、ヨーゼフ二世についての本はほとんど出版されていない。しかし、ヨーロッパとその歴史を知る上で欠かせない重要人物であり、この分野の研究が進むと必然的に注目されるだろう。

私はウィーン留学時代、ヨーゼフ二世の伝記を、店頭で買えることができる限り入手した。これはそのうちの一冊であり、日本でヨーゼフ二世を紹介するにあたってこの興味深い逸話集がもっともふさわしいと考えた。多くの人にまずその人となりに親しんでもらいたかったのである。

本書の翻訳を松本利香さんにお願いした。彼女が全訳した。松本さんは、大学時代にドイツ語に専心し、留学もされた。大学院時代にはドイツの主に歴史を学んだ。内外の文学をよく読み込んでいる人である。本書原文は難しいので、翻訳も大変だったと思うが、よく翻訳して下さった。

本書は、藤原良雄さんの英断、小枝冬実さんの的確な編集によって、世に出た。ヨーゼフ二世の本格的な伝記が、翻訳、著述を問わず、今後日本で出てくることを望みたい。

倉田　稔

参考文献

H・バラージュ・エーヴァ著、渡辺昭子・岩崎周一訳『ハプスブルクとハンガリー』成文社、二〇〇三年。
足立昌勝『国家刑罰権力と近代刑法の原点』白順社、一九九三年。
新井　裕「ヨーゼフ二世の劇場改革」『近代ヨーロッパ芸術思潮』中央大学出版部、一九九九年。
倉田　稔『ハプスブルク歴史物語』ＮＨＫブックス、一九九四年。
倉田　稔『ハプスブルク文化紀行』ＮＨＫブックス、二〇〇六年。
倉田　稔「ハプスブルク帝国と重商主義――マリア・テレジアとヨーゼフ二世の経済政策」『三田学会雑誌』71／5。
丹後杏一『ハプスブルク帝国の近代化とヨーゼフ主義』多賀出版、一九九七年（『オーストリア近代国家形成史』山川出版社の改訂版）。

原書にある図版の出所

ウィーン市歴史博物館
本文 p.54（口絵 p.10），71，132，146

オーストリア国立図書館
本文 p.27（口絵 p.9），78（口絵 p.12 下），131

医学史研究所
本文 p.138（口絵 p.14 左下），139（口絵 p.14 右下）

大学教授　Dr. カール・グットカス氏
本文 p.65（口絵 p.11 上），66（口絵 p.11 下）

フーベルトゥ・クルーガー氏
口絵 p.15，本文 p.88（口絵 p.14 上），108（口絵 p.12-13）

マ　行

ラ　行

主要地名索引

ヤ 行

ラ 行

主要人名索引

ア 行

カ 行

サ 行

タ 行

ハ 行

マ 行

ヨーゼフ二世

(Joseph Benedikt August Johann Anton Michael Adam von Habsburg-Lothringen)

1741-1790年。神聖ローマ皇帝（在位：1765-90年），オーストリア大公，ハンガリー王，ボヘミア王。フランツ一世とマリア・テレジアの長男で，マリー・アントワネットの兄。啓蒙君主として人民のための施政を行なおうとしたが，その革新性から，革命家皇帝，貧民皇帝，農民の神，哲学皇帝などの呼び名がある。

父フランツ一世の死後，母マリア・テレジアとの共同統治を経て，1780年に単独統治を開始。1781年に農奴解放令と宗教寛容令を発布した。これらによって農奴は労役や物役の負担から逃れることができ，住民の信教の自由が保障された。その他，拷問と死刑の廃止，行政と裁判の分離，検閲廃止，結婚権を認め，ドイツ語を公用語とするなど多くの改革を断行した。また，皇帝家の所有地プラーターを一般市民に開放したり，ウィーン総合病院を開設するなどの社会政策を行った。モーツァルトを宮廷音楽家として雇ったことでも知られる。

ヨーゼフの改革の目的は，教会と貴族勢力の弱体化を図り，一人の君主のもとでの機能的で効率的な統治体制を樹立することにあった。その政策は高率保護関税による商工業の発達，富国強兵，王権強化，官僚制度の整備など近代化につながるものであったが，多くは抵抗勢力に阻まれ果たされなかった。1790年，フランス革命が激化する中，肺の病で死去。帝位は弟レオポルト二世が継いだ。

ヨーゼフの提示した改革理念は「ヨーゼフ主義」として，彼の死後帝国官僚の指導的イデオロギーとなり，後の進歩派の思想となった。

著者紹介

エクハルト・マホフスキー（Ekhard Mahovsky）
1921年生。オーストリア日刊新聞の編集者。オーストリアのエスペラント連盟の役員を務めた。1992年、ウィーンで没。

監修者紹介

倉田　稔（くらた・みのる）
1941年生。札幌学院大学特任教授、小樽商科大学名誉教授。経済学博士。1969年慶應義塾大学大学院理論経済学専攻修了。ハプスブルク関係のみの著書に、『ハプスブルク歴史物語』『ハプスブルク文化紀行』（以上NHKブックス）、『ハプスブルク　オーストリア　ウィーン』（成文社）など多数。訳書にテイラー『ハプスブルク帝国』（筑摩書房）など多数。

訳者紹介

松本利香（まつもと・りか）
ドイツ語翻訳者。小樽商科大学大学院修士課程修了（商学修士）。

革命《かくめい》家《か》皇帝《こうてい》ヨーゼフ二世《にせい》　ハプスブルク帝国《ていこく》の啓蒙君主《けいもうくんしゅ》 1741-1790

2011年3月30日　初版第1刷発行 ©

監修者　倉　田　稔
発行者　藤　原　良　雄
発行所　株式会社　藤　原　書　店

〒162-0041　東京都新宿区早稲田鶴巻町523
電　話　03（5272）0301
FAX　03（5272）0450
振　替　00160 - 4 - 17013
info@fujiwara-shoten.co.jp

印刷・製本　中央精版印刷

落丁本・乱丁本はお取替えいたします
定価はカバーに表示してあります
Printed in Japan
ISBN978-4-89434-789-2

今世紀最高の歴史家、不朽の名著の決定版

地中海〈普及版〉

LA MÉDITERRANÉE ET LE MONDE MÉDITERRANÉEN À L'ÉPOQUE DE PHILIPPE II
Fernand BRAUDEL

フェルナン・ブローデル

浜名優美訳

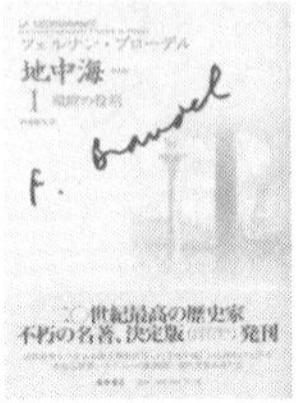

国民国家概念にとらわれる一国史的発想と西洋中心史観を無効にし、世界史と地域研究のパラダイムを転換した、人文社会科学の金字塔。近代世界システムの誕生期を活写した『地中海』から浮かび上がる次なる世界システムへの転換期＝現代世界の真の姿！

●第 32 回日本翻訳文化賞、第 31 回日本翻訳出版文化賞

大活字で読みやすい決定版。各巻末に、第一線の社会科学者たちによる「『地中海』と私」、訳者による「気になる言葉——翻訳ノート」を付し、〈藤原セレクション〉版では割愛された索引、原資料などの付録も完全収録。　全五分冊　菊並製　**各巻 3800 円　計 19000 円**

I　環境の役割　656 頁（2004 年 1 月刊）◇978-4-89434-373-3
・付 「『地中海』と私」　L・フェーヴル／I・ウォーラーステイン／山内昌之／石井米雄

II　集団の運命と全体の動き 1　520 頁（2004 年 2 月刊）◇978-4-89434-377-1
・付 「『地中海』と私」　黒田壽郎／川田順造

III　集団の運命と全体の動き 2　448 頁（2004 年 3 月刊）◇978-4-89434-379-5
・付 「『地中海』と私」　網野善彦／榊原英資

IV　出来事、政治、人間 1　504 頁（2004 年 4 月刊）◇978-4-89434-387-0
・付 「『地中海』と私」　中西輝政／川勝平太

V　出来事、政治、人間 2　488 頁（2004 年 5 月刊）◇978-4-89434-392-4
・付 「『地中海』と私」　ブローデル夫人
原資料（手稿資料／地図資料／印刷された資料／図版一覧／写真版一覧）
索引（人名・地名／事項）

〈藤原セレクション〉版（全 10 巻）　（1999 年 1 月～ 11 月刊）B 6 変並製

①	192 頁	1200 円	◇978-4-89434-119-7
②	256 頁	1800 円	◇978-4-89434-120-3
③	240 頁	1800 円	◇978-4-89434-122-7
④	296 頁	1800 円	◇978-4-89434-126-5
⑤	242 頁	1800 円	◇978-4-89434-133-3
⑥	192 頁	1800 円	◇978-4-89434-136-4
⑦	240 頁	1800 円	◇978-4-89434-139-5
⑧	256 頁	1800 円	◇978-4-89434-142-5
⑨	256 頁	1800 円	◇978-4-89434-147-0
⑩	240 頁	1800 円	◇978-4-89434-150-0

ハードカバー版（全 5 分冊）　A 5 上製

I	環境の役割		600 頁	8600 円	（1991 年 11 月刊）	◇978-4-938661-37-3
II	集団の運命と全体の動き 1		480 頁	6800 円	（1992 年 6 月刊）	◇978-4-938661-51-9
III	集団の運命と全体の動き 2		416 頁	6700 円	（1993 年 10 月刊）	◇978-4-938661-80-9
IV	出来事、政治、人間 1	品切	456 頁	6800 円	（1994 年 6 月刊）	◇978-4-938661-95-3
V	出来事、政治、人間 2		456 頁	6800 円	（1995 年 3 月刊）	◇978-4-89434-011-4

※ハードカバー版、〈藤原セレクション〉版各巻の在庫は、小社営業部までお問い合わせ下さい。